하나님 말씀과 기도로
거룩하여 짐이라
(딤전 4:5)

맥체인 성경 읽기표

7월

일차	날짜	가정		개인	
182	7/1	수 3	시126~128	사63	마11
183	2	수 4	시129~131	사64	마12
184	3	수5·6:1~5	시132~134	사65	마13
185	4	수6:6~27	시135·136	사66	마14
186	5	수 7	시137·138	렘 1	마15
187	6	수 8	시139	렘 2	마16
188	7	수 9	시140·141	렘 3	마17
189	8	수10	시142·143	렘 4	마18
190	9	수11	시144	렘 5	마19
191	10	수12·13	시145	렘 6	마20
192	11	수14·15	시146·147	렘 7	마21
193	12	수16·17	시148	렘 8	마22
194	13	수18·19	시149·150	렘 9	마23
195	14	수20·21	행 1	렘10	마24
196	15	수22	행 2	렘11	마25
197	16	수23	행 3	렘12	마26
198	17	수24	행 4	렘13	마27
199	18	삿 1	행 5	렘14	마28
200	19	삿 2	행 6	렘15	막 1
201	20	삿 3	행 7	렘16	막 2
202	21	삿 4	행 8	렘17	막 3
203	22	삿 5	행 9	렘18	막 4
204	23	삿 6	행10	렘19	막 5
205	24	삿 7	행11	렘20	막 6
206	25	삿 8	행12	렘21	막 7
207	26	삿 9	행13	렘22	막 8
208	27	삿10·11:1~11	행14	렘23	막 9
209	28	삿11:12~40	행15	렘24	막10
210	29	삿12	행16	렘25	막11
211	30	삿13	행17	렘26	막12
212	31	삿14	행18	렘27	막13

8월

일차	날짜	가정		개인	
213	8/1	삿15	행19	렘28	막14
214	2	삿16	행20	렘29	막15
215	3	삿17	행21	렘30·31	막16
216	4	삿18	행22	렘32	시1·2
217	5	삿19	행23	렘33	시3·4
218	6	삿20	행24	렘34	시5·6
219	7	삿21	행25	렘35	시7·8
220	8	룻 1	행26	렘36·37	시 9
221	9	룻 2	행27	렘38	시10
222	10	룻3·4	행28	렘39	시11·12
223	11	삼상1	롬 1	렘40	시13·14
224	12	삼상2	롬 2	렘41	시15·16
225	13	삼상3	롬 3	렘42	시17
226	14	삼상4	롬 4	렘43	시18
227	15	삼상5·6	롬 5	렘44	시19
228	16	삼상7·8	롬 6	렘45	시20·21
229	17	삼상9	롬 7	렘46	시22
230	18	삼상10	롬 8	렘47	시23·24
231	19	삼상11	롬 9	렘48	시25
232	20	삼상12	롬10	렘49	시26·27
233	21	삼상13	롬11	렘50	시28·29
234	22	삼상14	롬12	렘51	시30
235	23	삼상15	롬13	렘52	시31
236	24	삼상16	롬14	애 1	시32
237	25	삼상17	롬15	애 2	시33
238	26	삼상18	롬16	애 3	시34
239	27	삼상19	고전1	애 4	시35
240	28	삼상20	고전2	애 5	시36
241	29	삼상21·22	고전3	겔 1	시37
242	30	삼상23	고전4	겔 2	시38
243	31	삼상24	고전5	겔 3	시39

9월

일차	날짜	가정		개인	
244	9/1	삼상25	고전 6	겔 4	시40·41
245	2	삼상26	고전 7	겔 5	시42·43
246	3	삼상27	고전 8	겔 6	시44
247	4	삼상28	고전 9	겔 7	시45·46
248	5	삼상29·30	고전10	겔 8	시47
249	6	삼상31	고전11	겔 9	시48
250	7	삼하 1	고전12	겔10	시49
251	8	삼하 2	고전13	겔11	시50
252	9	삼하 3	고전14	겔12	시51
253	10	삼하4·5	고전15	겔13	시52~54
254	11	삼하 6	고전16	겔14	시55
255	12	삼하 7	고후 1	겔15	시56·57
256	13	삼하8·9	고후 2	겔16	시58·59
257	14	삼하10	고후 3	겔17	시60·61
258	15	삼하11	고후 4	겔18	시62·63
259	16	삼하12	고후 5	겔19	시64·65
260	17	삼하13	고후 6	겔20	시66·67
261	18	삼하14	고후 7	겔21	시68
262	19	삼하15	고후 8	겔22	시69
263	20	삼하16	고후 9	겔23	시70·71
264	21	삼하17	고후10	겔24	시72
265	22	삼하18	고후11	겔25	시73
266	23	삼하19	고후12	겔26	시74
267	24	삼하20	고후13	겔27	시75·76
268	25	삼하21	갈 1	겔28	시77
269	26	삼하22	갈 2	겔29	시78:1~37
270	27	삼하23	갈 3	겔30	시78:38~72
271	28	삼하24	갈 4	겔31	시79
272	29	왕상 1	갈 5	겔32	시80
273	30	왕상 2	갈 6	겔33	시81·82

10월

일차	날짜	가정		개인	
274	10/1	왕상 3	엡 1	겔34	시83·84
275	2	왕상4·5	엡 2	겔35	시85
276	3	왕상 6	엡 3	겔36	시86
277	4	왕상 7	엡 4	겔37	시87·88
278	5	왕상 8	엡 5	겔38	시89
279	6	왕상 9	엡 6	겔39	시90
280	7	왕상10	빌 1	겔40	시91
281	8	왕상11	빌 2	겔41	시92·93
282	9	왕상12	빌 3	겔42	시94
283	10	왕상13	빌 4	겔43	시95·96
284	11	왕상14	골 1	겔44	시97·98
285	12	왕상15	골 2	겔45	시99~101
286	13	왕상16	골 3	겔46	시102
287	14	왕상17	골 4	겔47	시103
288	15	왕상18	살전 1	겔48	시104
289	16	왕상19	살전 2	단 1	시105
290	17	왕상20	살전 3	단 2	시106
291	18	왕상21	살전 4	단 3	시107
292	19	왕상22	살전 5	단 4	시108·109
293	20	왕하 1	살후 1	단 5	시110·111
294	21	왕하 2	살후 2	단 6	시112·113
295	22	왕하 3	살후 3	단 7	시114·115
296	23	왕하 4	딤전 1	단 8	시116
297	24	왕하 5	딤전 2	단 9	시117·118
298	25	왕하 6	딤전 3	단10	시119:1~24
299	26	왕하 7	딤전 4	단11	시119:25~48
300	27	왕하 8	딤전 5	단12	시119:49~72
301	28	왕하 9	딤전 6	호 1	시119:73~96
302	29	왕하10	딤후 1	호 2	시119:97~120
303	30	왕하11·12	딤후 2	호3·4	시119:121~144
304	31	왕하13	딤후 3	호5·6	시119:145~176

맥체인 QT 가이드

01 사도신경 오늘의 찬양

신앙고백으로 마음을 정돈하고, 오늘의 찬양으로 마음의 준비를 하세요.

02 핵심주제

그날의 핵심주제를 기억하며 본문으로 들어갑니다.

03 본문읽기

네 본문의 소제목을 기억하면서 본문을 정독으로 읽으세요.
- 반복되는 단어, 유사한 단어, 반대되는 단어를 기억하면서...
- 나에게 주시는 동일한 핵심 단어를 4책에서 찾아 기록해 보세요.

04 말씀연결

본문의 내용을 떠올리며 단어나 문장을 연결하며 다시 한번 정독으로 읽으세요.

05 말씀암송

주어진 시간안에서 말씀을 기억하세요. (괄호 채우기를 권해드립니다.) 1년 365요절을 암송합니다.

06 말씀묵상

하나님이 나에게 주시는 말씀을 다시 한번 묵상해 보세요.

07 말씀적용

묵상을 통해 주신 말씀에 순종하며, 오늘 내가 할수 있는 일을 구체적으로 기록해 보세요.

08 감사기도

감사가 사라지고 있는 이 시대.. 하루에 3가지씩 감사하는 마음을 담아 기록하여 보세요. 감사는 또다른 감사를 만듭니다. (하루를 돌아보며 자신의 삶을 평가하고 하나님의 마음을 닮아가도록 정리합니다.)

09 말씀기도

오늘 내게 주신 말씀에 순종 할 수 있도록 하나님께 기도를 드립니다.

▶나눔 (하브루타 토론식)◀

교회 소그룹에 활용시 (09)말씀기도 전에
『하브루타 토론식』으로 서로의 의견을 말하고 생각을 공유해 보세요.
맥체인QT집으로 묵상을 하시면
같은 말씀이라도 하나님의 주신 말씀이 다양한 방향과 방법으로
대화의 나눔의 장을 만들어 드릴것입니다.

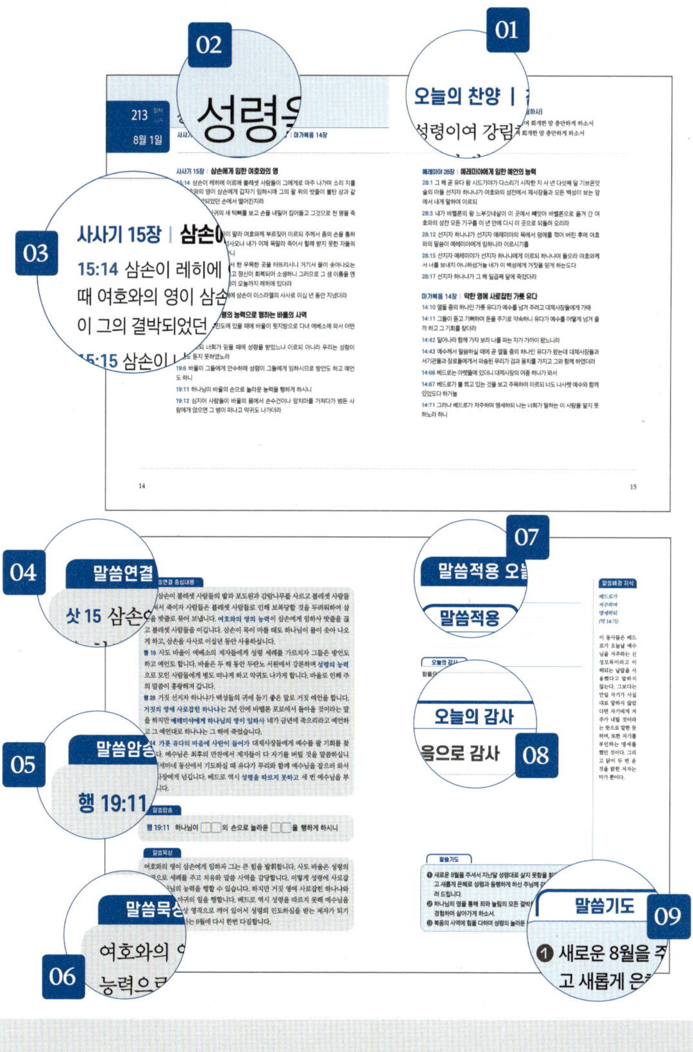

머리말

1. 로버트 머리 맥체인(Robert Murray M'Cheyne) 목사는?

19세기 스코틀랜드 역사에서 가장 경건한 목회자로 꼽히는 로버트 머리 맥체인은 1813년 5월 21일 스코틀랜드 에든버러 더블린 가에서 5남매 중 막내로 태어났습니다. 에든버러 대학교에서 수학하여 23세에 목사 안수를 받고, 1835년부터 1838년까지 라버트 교구와 두니페이스 교구에서 존 보나(John Bonar)의 조수로 섬겼습니다. 그 뒤, 던디의 성 베드로 교회에서 하나님과 모든 영혼을 사랑하는 목사로 섬기다 1843년 3월 25일, 29세의 짧은 나이에 발진티푸스로 하늘의 부르심을 받았습니다.

맥체인은 시인이기도 했으며, 많은 저서를 남겼습니다. 그는 신앙심이 깊은 사람이었으며 기도의 사람이었습니다. 맥체인의 경건한 삶과 사역의 결과물들은 맥체인의 벗이 낸 회고록이나 후대 믿음의 후배들이 내는 전기를 통해 전해지고 있습니다. 이처럼 이 땅에서 맥체인의 삶은 짧았을지라도, 맥체인이 뜨겁게 전했던 그리스도에게로 초대하는 구원의 외침은 아직도 살아서 널리 울려 퍼지고 있습니다.

① 1836년, 스코틀랜드 성베드로교회 로버트 머레이 맥체인목사가 성경읽기표를 만듦(14세 때 애든버러대학에서 고전문학을 공부. 형의 죽음으로 신앙과 말씀에 집중. 성도를 위해 성경읽기표를 만듦)

② 80세 노인의 고백,"내 평생에 가장 행복한 나날을 보내고 있습니다"

③ 영향받은 목회자: 마틴 로이드존스(54년간 사용), 존 스토트

④ 1813년~1843년

⑤ 경건한 목회자, 성실한 목회자, 현명한 목회자

⑥ 주변에 있는 훌륭한 목회자에게 조언을 듣는 목회자

⑦ 선교사업에 지대한 관심을 갖은 목회자

⑧ 유대인 선교를 위해 바울처럼 유럽과 팔레스타인을 오랫 방문한 목회자

⑨ 서정적이고 시적인 재능

⑩ 자비롭고 쾌활한 성품

시대순이 아닌 내용을 중심으로 하는 정독성경이다.

구약 1회, 시편 2회, 신약 2회를 정독하는 성경이다.

각자 다른 성경책(장)의 배경 속에서 문학적 배경을 파악한다.

2. 맥체인 성경읽기란?

맥체인 성경읽기표는 1842년 맥체인이 자신이 목양하던 성 베드로 교회 성도들의 영적 성장을 위해 개발한 것으로, 매일 구약과 신약을 각각 2장씩 읽음으로써 1년에 구약 1회, 신약과 시편을 각 2회 정독할 수 있도록 만든 표입니다.

이와 같은 맥체인의 방법에 따라 신구약 성경 전체를 골고루 4등분해서 동시에 읽으면, 성경에 기록된 장구한 구속사를 크게 네 시대로 나누어 동시에 묵상할 수 있습니다.

각각의 시대마다 하나님께서는 하나님이 세우신 사람들과 언약을 맺으셨고, 그 언약을 완성하셨습니다. 그리고 이 시대들은 서로 씨줄과 날줄이 되어 하나님의 구속사를 완성하는 완벽한 하모니를 이루고 있습니다.

때로는 시대별로, 때로는 거시적인 안목에서 구속사 전체를 한 번에 아우르게 합니다. 그렇기에 남녀노소, 교회의 직분을 무론하고, 누구나 맥체인 성경읽기표를 따라 성경을 읽으면, 성경에 대한 명쾌한 이해와 함께 하나님께서 감춰두신 구속의 보화를 찾는 기쁨을 누릴 수 있습니다.

또한 이를 통해 성경의 맥을 보다 쉽게 잡을 수 있습니다. 이렇게 하나님의 계시

목적에 평행선을 그으며 따라가는 것은 맥체인 성경읽기표만의 독특한 방식입니다.

성경을 읽다가 중간에 빠뜨린 부분이 있더라도 포기하지 말고, 그날의 날짜에 맞추어 읽는 것이 좋습니다. 이런 습관은 해가 거듭되더라도 반복적으로 성경을 통독할 수 있게 해 주기 때문입니다.

3. 맥체인 목사가 직접 이야기하는 맥체인 성경읽기

맥체인 목사는 1842년 12월 30일 송구영신 예배 시간에 자신의 교회 교인들에게 맥체인 성경읽기표에 대해서 다음과 같이 설명해주었습니다. 맥체인 목사가 직접 이야기하는 맥체인 성경읽기를 통해 우리는 맥체인 성경읽기에 대해 보다 많은 이해를 할 수 있을 것입니다. (이 설교가 끝난 후 그는 교인들에게 성경읽기표를 나누어 주었습니다.)

[설교 본문: 시편 119편 40절]

"내가 주의 법도들을 사모하였사오니 주의 의로 나를 살아나게 하소서"

사랑하는 성도 여러분, 새해가 다가오니 제 마음 속에 여러분의 구원과 구원받은 분들의 영적 성장에 대한 새로운 열망이 생깁니다.

"내가 예수 그리스도의 심장으로 너희 무리를 얼마나 사모하는지 하나님이 내 증인이시니라" (빌 1:8).

다가오는 새해에는 어떤 일이 일어날지 그 누가 알겠습니까? 모든 선한 사람은 분명 이 땅에 다가오는 놀라운 심판의 역사를 예견하며 영혼에 부담감을 느낍니다. 이제 이와 같은 엄숙한 질문을 던져야 할 때입니다.

"만일 네가 보행자와 함께 달려도 피곤하면 어찌 능히 말과 경주하겠느냐 네가 평안한 땅에서는 무사하려니와 요단 강 물이 넘칠 때에는 어찌하겠느냐" (렘 12:5).

자기 자신이나 피조물이 아니라 우리의 의이신 여호와를 의지하는 성도들은 굳게 설 것입니다. 우리가 악한 날에 굳게 서려면 성경 말씀과 은혜의 보좌에 더 집중해야 합니다. 그러면 우리는 다윗처럼 이렇게 말할 수 있을 것입니다.

"교만한 자들이 나를 심히 조롱하였어도 나는 주의 법을 떠나지 아니하였나이다" (시 119:51).

"고관들이 거짓으로 나를 핍박하오나 나의 마음은 주의 말씀만 경외하나이다" (시 119:161).

저는 마음속으로 오랫동안 성경읽기 계획표를 만들 생각을 해 왔습니다. 하나님이 같은 소원을 주신 이들은 다 제 생각에 동의할 것입니다. 그래서 성경 전체를 1년에 한번 통독하고, 모든 성도가 동시에 같은 푸른 초장에서 꼴을 먹을 수 있도록 계획을 짰습니다. 그런데 이 계획에는 다음과 같은 주의해야 할 점이 있습니다.

[주의할 점]

형식으로 읽지 말라

우리는 너무나 연약한 피조물이어서 어떤 의무든 규칙적으로 반복하면 타성적인 형태로 전락하기 쉽습니다. 일정한 규칙에 따라 말씀을 읽는 어떤 사람들에게는 이렇게 형식적인 신앙생활을 낳는 경향이 있습니다. 이것은 말세에 두드러진 죄가 될 것입니다. "경건의 모양은 있으나 경건의 능력은 부인하니 이같은 자들에게서 네가 돌아서라" (딤후 3:5). 이 점을 주의하십시오. 이 읽기표 때문에 여러분의 영혼이 무디어질 것 같으면 차라리 이 표를 없애 버리십시오.

분량 채우는 것으로 만족하지 말라

어떤 이들은 말씀을 읽기 위해 시간을 정하고 정해진 분량을 다 읽고 나면 자기 자신을 만족스런 눈으로 바라보는 유혹에 빠지기가 쉽습니다. 확신컨대 많은 이가 영혼에 아무런 하나님의 역사를 체험하지 못한 채 살아가고 있습니다. 용서받지 못하고, 성화되지도 않고, 멸망을 눈앞에 둔 채 말입니다. 그들은 그러면서도 개인적으로나 가족과 함께 정해진 경건 시간을 보냅니다. 이런 사람은 오른손에 거짓 것을 들고(사 44:20) 지옥으로 향하는 사람입니다.

아무렇게나 건성으로 읽지 말라

하나님의 말씀에 두려워 떠는 사람이 별로 없습니다. 말씀을 읽는 동안에도 위엄으로 가득찬 여호와의 음성을 듣는 이가 별로 없습니다. 이스라엘 백성들은 매일 먹는 만나에 대해 "백성이 하나님과 모세를 향하여 원망하되 어찌하여 우리를 애굽에서 인도해 내어 이 광야에서 죽게 하는가 이 곳에는 먹을 것도 없고 물도 없도다 우리 마음이 이 하찮은 음식을 싫어하노라 하매" (민 21:5)고 불평했습니다. 마찬가지로 어떤 이들은 많은 분량의 말씀을 읽다가 말씀 읽기에 싫증이 나서 말씀을 아무렇게나 건성으로 읽으려는 유혹에 빠지기 쉽습니다. 이런 일은 하나님의 진로를 불러일으킬 것입니다. 이 말씀이 여러분에게 해당되지 않도록 주의하십시오. "만군의 여호와가 이르노라 너희가 또 말하기를 이 일이 얼마나 번거로운고 하며 코웃음치고 훔친 물건과 저는 것, 병든 것을 가져왔느니라 너희가 이같이 봉헌물을 가져오니 내가 그것을 너희 손에서 받겠느냐 이는 여호와의 말이니라" (말 1:13).

의무감으로 억지로 읽지 말라

어떤 이들은 한동안 말씀을 잘 읽지만 나중에는 말씀 읽는 일이 감당하기 벅찬 부담감으로 느껴집니다. 그들은 하늘의 양식을 전혀 맛보지 못하고 양심에 질질 끌려 억지로 정해진 의무를 행합니다. 만일 어떤 성도든 이런 경우에 해당된다면, 차라리 이 족쇄를 던져 버리고 하나님의 아름다운 정원에서 마음껏 꼴을 먹으십시오. 제가 바라는 것은 여러분에게 덫을 놓는 것이 아니라 여러분이 기쁨을 맛보도록 돕는 것입니다.

이렇게 주의할 점이 많은데 이런 읽기표를 만든 목적이 대체 무엇일까요? 이 질문에 저는 이렇게 대답하겠습니다. 가장 좋은 일에는 언제나 위험이 따르는 법입니다. 위험한 절벽 틈에 가장 아름다운 꽃들이 피어 있는 것처럼 말입니다. 그러면 이 읽기표의 장점을 살펴보겠습니다.

첫째, 성경 전체를 1년 동안 정독할 수 있습니다.

모든 성경은 하나님의 감동으로 된 것이기 때문에 어느 한 부분이 더 중요하고 덜 중요한 곳이 없습니다. 성경 전체를 읽어나가는 것은 하나님의 구속사의 전체 의도를 알아가는 데 꼭 필요한 일입니다. 맥체인 성경 읽기를 따라가다 보면 구약은 한 번, 신약과 시편은 두 번 읽게 됩니다.

둘째, 성경의 네 가지 본문을 동시에 보는 안목을 기르게 됩니다.

맥체인 성경 읽기는 성경 전체를 4시대 구분으로 나누어 하루에 4장씩 읽어 나갑니다. 매일 구약에서 두 장, 신약에서 두 장을 읽는 것입니다. 이는 하나님의 구속의 역사를 네 시대로 나누어 동시에 묵상할 수 있는 탁월한 구조입니다.

셋째, 성경의 주인이 하나님이심을 알게 됩니다.

기존 성경 읽기는 역사 중심, 인물 중심으로 진행됩니다. 그래서 사람이 중심이 되는 성경 읽기가 될 수도 있습니다. 맥체인 성경 읽기는 신구약 4장을 읽으면서 공통적으로 흐르는 통일주제와 개별주제의 주인공이 하나님임을 알게 됩니다.

넷째, 어느 부분을 읽을지 고민하지 않습니다.

막상 성경을 펼쳐서 앞에서부터 읽어가다보면 레위기쯤 와서는 진도가 잘 나가지 않습니다. 그래서 뛰어넘고 다른 곳으로 가고자 하는 유혹을 받게 됩니다. 맥체인 성경 읽기는 좋은 성경 교사가 옆에서 자상하게 '오늘은 여기 읽어야죠'하고 들려주는 음성과 같습니다. 한 권을 다 읽고 또 다른 책으로 넘어가는 것이 아니라 지루하지 않게, 힘든 부분과 쉽게 이해되는 부분이 골고루 섞여 있는 종합 비타민 같은 책입니다.

다섯째, 교회의 전 성도가 어디를 읽는지 알 수 있습니다.

이 부분은 특별히 목회자들에게 특히 유용한 부분입니다. 교회 전 성도가 맥체인 성경 읽기로 성경을 읽어나가면 우리교회 성도들이 오늘 어디를 읽는지 분명히 알게 됩니다. 그래서 거기에 맞는 권면과 신앙의 조언을 해 줄 수 있고 전체 목회 그림을 그려나가는데 도움이 됩니다.

여섯째, SNS로 같은 본문의 은혜 나눔이 가능합니다.

교회마다 리더들을 중심으로 연결된 다양한 SNS방들이 있습니다. 기존의 은혜 나눔방들은 각자 자신이 읽은 본문으로 은혜를 나누기 때문에 성경 본문을 같이 묵상하지 않고 표면적인 은혜 나눔만 일어날 수 있습니다. 하지만 대화방으로 연결된 성도들끼리 오늘 분량의 매체인 성경 읽기 본문을 가지고 묵상과 은혜를 나누게 되니 같은 본문 말씀에 입각한 나눔이 가능합니다.

일곱째, 새벽기도때 설교를 듣고 매일 읽어 나갈 수 있습니다.

전교인 새벽 기도를 맥체인 성경 읽기로 진행한다면 매년 전 성도가 성경을 일년 일독(신약, 시편 2독)하는 교회를 만들어 갈 수 있습니다. 성도들은 오늘자 맥체인 본문 설교를 듣고 그 배경지식 하에 각자 성경을 읽어나가니 더더욱 풍성한 성경 이해와 하나님 구속사의 역사를 체험할 수 있습니다.

4. 맥체인 성경읽기에 실패하지 않으려면?

영혼의 양식이요 영적 성숙의 원천이 되는 성경, 누구나 많이 읽고, 깊이 묵상하기를 원합니다. 하지만 막상 성경 통독을 시작하려고 해도 쉽지 않고, 끝내기는 더욱 쉽지 않습니다. 맥체인 성경읽기를 통해 성경을 통독하고, 매일 매일의 말씀묵상에 실패하지 않으려면, 맥체인 성경읽기표를 따라 다음과 같은 방법으로 성경을 읽으십시오.

① 매일 성경을 읽겠다는 결심을 하십시오.
② 성경을 읽는 구별된 시간을 확보하십시오.
③ 성경읽기표를 따라 매일 구별된 시간에 읽으십시오.
④ 가정예배와 교회 공동체에서 함께 성경읽기표를 따라 읽어나가면 좋습니다.
⑤ 너무 완벽하게 읽으려고 하지 마시고, 먼저 성경을 읽는다는 자체에 우선하십시오.
⑥ 빠뜨린 날이 있더라도 오늘 내가 읽어야 할 날짜의 읽기에 집중하십시오.
⑦ 빠뜨린 부분이 있더라도 집착하거나 포기하지 마시고 오늘 날짜부터 다시 시작하십시오.

한국교회의 성도님들께서 맥체인 성경 읽기를 통해 구속사의 주인이신 하나님을 매일 만나는 은혜의 경험을 하여 신앙의 성숙이 일어나시기를 간절히 기도드립니다.

"또 어려서부터 성경을 알았나니 성경은 능히 너로 하여금 그리스도 예수 안에 있는 믿음으로 말미암아 구원에 이르는 지혜가 있게 하느니라. 모든 성경은 하나님의 감동으로 된 것으로 교훈과 책망과 바르게 함과 의로 교육하기에 유익하니 이는 하나님의 사람으로 온전하게 하며 모든 선한 일을 행할 능력을 갖추게 하려 함이라."(딤후 3:15-17)

213 일차 365

8월 1일

성령을 따라 삽시다

사사기 15장 | 사도행전 19장 | 예레미야 28장 | 마가복음 14장

사사기 15장 | 삼손에게 임한 여호와의 영

15:14 삼손이 레히에 이르매 블레셋 사람들이 그에게로 마주 나가며 소리 지를 때 여호와의 영이 삼손에게 갑자기 임하시매 그의 팔 위의 밧줄이 불탄 삼과 같이 그의 결박되었던 손에서 떨어진지라

15:15 삼손이 나귀의 새 턱뼈를 보고 손을 내밀어 집어들고 그것으로 천 명을 죽이고

15:18 삼손이 심히 목이 말라 여호와께 부르짖어 이르되 주께서 종의 손을 통하여 이 큰 구원을 베푸셨사오나 내가 이제 목말라 죽어서 할례 받지 못한 자들의 손에 떨어지겠나이다 하니

15:19 하나님이 레히에서 한 우묵한 곳을 터뜨리시니 거기서 물이 솟아나오는지라 삼손이 그것을 마시고 정신이 회복되어 소생하니 그러므로 그 샘 이름을 엔학고레라 불렀으며 그 샘이 오늘까지 레히에 있더라

15:20 블레셋 사람의 때에 삼손이 이스라엘의 사사로 이십 년 동안 지냈더라

사도행전 19장 | 성령의 능력으로 행하는 바울의 사역

19:1 아볼로가 고린도에 있을 때에 바울이 윗지방으로 다녀 에베소에 와서 어떤 제자들을 만나

19:2 이르되 너희가 믿을 때에 성령을 받았느냐 이르되 아니라 우리는 성령이 계심도 듣지 못하였노라

19:6 바울이 그들에게 안수하매 성령이 그들에게 임하시므로 방언도 하고 예언도 하니

19:11 하나님이 바울의 손으로 놀라운 능력을 행하게 하시니

19:12 심지어 사람들이 바울의 몸에서 손수건이나 앞치마를 가져다가 병든 사람에게 얹으면 그 병이 떠나고 악귀도 나가더라

오늘의 찬양 | 찬송가 190장 (성령이여 강림하사)

성령이여 강림하사 나를 감화하시고 애통하며 회개한 맘 충만하게 하소서
예수여 비오니 나의 기도 들으사 애통하며 회개한 맘 충만하게 하소서

예레미야 28장 | 예레미야에게 임한 예언의 능력

28:1 그 해 곧 유다 왕 시드기야가 다스리기 시작한 지 사 년 다섯째 달 기브온 앗술의 아들 선지자 하나냐가 여호와의 성전에서 제사장들과 모든 백성이 보는 앞에서 내게 말하여 이르되

28:3 내가 바벨론의 왕 느부갓네살이 이 곳에서 빼앗아 바벨론으로 옮겨 간 여호와의 성전 모든 기구를 이 년 안에 다시 이 곳으로 되돌려 오리라

28:12 선지자 하나냐가 선지자 예레미야의 목에서 멍에를 꺾어 버린 후에 여호와의 말씀이 예레미야에게 임하니라 이르시기를

28:15 선지자 예레미야가 선지자 하나냐에게 이르되 하나냐여 들으라 여호와께서 너를 보내지 아니하셨거늘 네가 이 백성에게 거짓을 믿게 하는도다

28:17 선지자 하나냐가 그 해 일곱째 달에 죽었더라

마가복음 14장 | 악한 영에 사로잡힌 가룟 유다

14:10 열둘 중의 하나인 가룟 유다가 예수를 넘겨 주려고 대제사장들에게 가매

14:11 그들이 듣고 기뻐하여 돈을 주기로 약속하니 유다가 예수를 어떻게 넘겨 줄까 하고 그 기회를 찾더라

14:42 일어나라 함께 가자 보라 나를 파는 자가 가까이 왔느니라

14:43 예수께서 말씀하실 때에 곧 열둘 중의 하나인 유다가 왔는데 대제사장들과 서기관들과 장로들에게서 파송된 무리가 검과 몽치를 가지고 그와 함께 하였더라

14:66 베드로는 아랫뜰에 있더니 대제사장의 여종 하나가 와서

14:67 베드로가 불 쬐고 있는 것을 보고 주목하여 이르되 너도 나사렛 예수와 함께 있었도다 하거늘

14:71 그러나 베드로가 저주하며 맹세하되 나는 너희가 말하는 이 사람을 알지 못하노라 하니

말씀연결 중심내용

삿 15 삼손이 블레셋 사람들의 밭과 포도원과 감람나무를 사르고 블레셋 사람들을 쳐서 죽이자 사람들은 블레셋 사람들로 인해 보복당할 것을 두려워하여 삼손을 밧줄로 묶어 보냅니다. **여호와의 영의 능력**이 삼손에게 임하사 밧줄을 끊고 블레셋 사람들을 이깁니다. 삼손이 목이 마를 때도 하나님이 물이 솟아 나오게 하고, 삼손을 사사로 이십년 동안 사용하십니다.

행 19 사도 바울이 에베소의 제자들에게 성령 세례를 가르치자 그들은 방언도 하고 예언도 합니다. 바울은 두 해 동안 두란노 서원에서 강론하며 **성령의 능력**으로 모인 사람들에게 병도 떠나게 하고 악귀도 나가게 합니다. 바울로 인해 주의 말씀이 흥왕해져 갑니다.

렘 28 거짓 선지자 하나냐가 백성들의 귀에 듣기 좋은 말로 거짓 예언을 합니다. **거짓의 영에 사로잡힌 하나냐**는 2년 안에 바벨론 포로에서 돌아올 것이라는 말을 하지만 **예레미야에게 하나님의 영이 임하사** 네가 금년에 죽으리라고 예언하고 그 예언대로 하나냐는 그 해에 죽었습니다.

막 14 **가룟 유다의 마음에 사탄이 들어가** 대제사장들에게 예수를 팔 기회를 찾습니다. 예수님은 최후의 만찬에서 제자들이 다 자기를 버릴 것을 말씀하십니다. 겟세마네 동산에서 기도하실 때 유다가 무리와 함께 예수님을 잡으러 와서 대제사장에게 넘깁니다. 베드로 역시 **성령을 따르지 못하고** 세 번 예수님을 부인합니다.

말씀암송

행 19:11 하나님이 [ ][ ]의 손으로 놀라운 [ ][ ]을 행하게 하시니

말씀묵상

여호와의 영이 삼손에게 임하자 그는 큰 힘을 발휘합니다. 사도 바울은 성령의 능력으로 세례를 주고 치유와 말씀 사역을 감당합니다. 이렇게 성령에 사로잡히면 하나님의 능력을 행할 수 있습니다. 하지만 거짓 영에 사로잡힌 하나냐와 가룟 유다는 마귀의 일을 행합니다. 베드로 역시 성령을 따르지 못해 예수님을 부인합니다. 항상 영적으로 깨어 있어서 성령의 인도하심을 받는 제자가 되기를 새롭게 시작하는 8월에 다시 한번 다짐합니다.

말씀적용 오늘의 감사

말씀적용

오늘의 감사

믿음으로 감사

소망으로 감사

사랑으로 감사

말씀기도

❶ 새로운 8월을 주셔서 지난달 성령대로 살지 못함을 회개하게 하시고 새롭게 은혜로 성령과 동행하게 하신 주님께 감사와 영광을 올려 드립니다.
❷ 하나님의 영을 통해 죄와 눌림의 모든 결박을 풀고 놀라운 승리를 경험하며 살아가게 하소서.
❸ 복음의 사역에 힘을 다하며 성령의 놀라운 능력을 체험하게 하소서.

말씀배경 지식

베드로가 저주하며 맹세하되 (막 14:71)

이 동사들은 베드로가 오늘날 예수님을 저주하는 신성모독이라고 이해되는 낱말을 사용했다고 말하지 않는다. 그보다는 만일 자기가 사실대로 말하지 않았다면 자기에게 저주가 내릴 것이라는 뜻으로 말한 듯하며, 또한 자기를 부인하는 맹세를 했던 것이다. 그리고 닭이 두 번 운 것을 밝힌 저자는 마가 뿐이다.

214 일차 365

8월 2일

무엇의 지배를 받고 있습니까?

사사기 16장 | 사도행전 20장 | 예레미야 29장 | 마가복음 15장

사사기 16장 | 육체의 정욕의 지배를 받는 삼손

16:4 이 후에 삼손이 소렉 골짜기의 들릴라라 이름하는 여인을 사랑하매

16:5 블레셋 사람의 방백들이 그 여인에게로 올라가서 그에게 이르되 삼손을 꾀어서 무엇으로 말미암아 그 큰 힘이 생기는지 그리고 우리가 어떻게 하면 능히 그를 결박하여 굴복하게 할 수 있을는지 알아보라 그리하면 우리가 각각 은 천백 개씩을 네게 주리라 하니

16:17 삼손이 진심을 드러내어 그에게 이르되 내 머리 위에는 삭도를 대지 아니하였나니 이는 내가 모태에서부터 하나님의 나실인이 되었음이라 만일 내 머리가 밀리면 내 힘이 내게서 떠나고 나는 약해져서 다른 사람과 같으리라 하니라

16:19 들릴라가 삼손에게 자기 무릎을 베고 자게 하고 사람을 불러 그의 머리털 일곱 가닥을 밀고 괴롭게 하여 본즉 그의 힘이 없어졌더라

16:20 들릴라가 이르되 삼손이여 블레셋 사람이 당신에게 들이닥쳤느니라 하니 삼손이 잠을 깨며 이르기를 내가 전과 같이 나가서 몸을 떨치리라 하였으나 여호와께서 이미 자기를 떠나신 줄을 깨닫지 못하였더라

16:21 블레셋 사람들이 그를 붙잡아 그의 눈을 빼고 끌고 가사에 내려가 놋 줄로 매고 그에게 옥에서 맷돌을 돌리게 하였더라

16:28 삼손이 여호와께 부르짖어 이르되 주 여호와여 구하옵나니 나를 생각하옵소서 하나님이여 구하옵나니 이번만 나를 강하게 하사 나의 두 눈을 뺀 블레셋 사람에게 원수를 단번에 갚게 하옵소서 하고

사도행전 20장 | 성령의 지배를 받아 복음 사역을 감당하는 바울

20:22 보라 이제 나는 성령에 매여 예루살렘으로 가는데 거기서 무슨 일을 당할는지 알지 못하노라

20:23 오직 성령이 각 성에서 내게 증언하여 결박과 환난이 나를 기다린다 하시나

20:24 내가 달려갈 길과 주 예수께 받은 사명 곧 하나님의 은혜의 복음을 증언하는 일을 마치려 함에는 나의 생명조차 조금도 귀한 것으로 여기지 아니하노라

20:28 여러분은 자기를 위하여 또는 온 양 떼를 위하여 삼가라 성령이 그들 가운데 여러분을 감독자로 삼고 하나님이 자기 피로 사신 교회를 보살피게 하셨느니라

오늘의 찬양 | 찬송가 183장 (빈 들에 마른 풀같이)

빈 들에 마른 풀같이 시들은 나의 영혼 주님이 약속한 성령 간절히 기다리네
가물어 메마른 땅에 단비를 내리시듯 성령의 단비를 부어 새생명 주옵소서

예레미야 29장 | 여호와의 영으로 선포하는 선지자 예레미야

29:4 만군의 여호와 이스라엘의 하나님께서 예루살렘에서 바벨론으로 사로잡혀 가게 한 모든 포로에게 이와 같이 말씀하시니라

29:7 너희는 내가 사로잡혀 가게 한 그 성읍의 평안을 구하고 그를 위하여 여호와께 기도하라 이는 그 성읍이 평안함으로 너희도 평안할 것임이라

29:10 여호와께서 이와 같이 말씀하시니라 바벨론에서 칠십 년이 차면 내가 너희를 돌보고 나의 선한 말을 너희에게 성취하여 너희를 이 곳으로 돌아오게 하리라

29:31 너는 모든 포로에게 전언하여 이르기를 여호와께서 느헬람 사람 스마야를 두고 이같이 말씀하셨느니라 내가 그를 보내지 아니하였거늘 스마야가 너희에게 예언하고 너희에게 거짓을 믿게 하였도다

마가복음 15장 | 하나님의 영으로 구원 사역을 완성시키신 예수님

15:15 빌라도가 무리에게 만족을 주고자 하여 바라바는 놓아 주고 예수는 채찍질하고 십자가에 못 박히게 넘겨 주니라

15:34 제구시에 예수께서 크게 소리 지르시되 엘리 엘리 라마 사박다니 하시니 이를 번역하면 나의 하나님, 나의 하나님 어찌하여 나를 버리셨나이까 하는 뜻이라

15:37 예수께서 큰 소리를 지르시고 숨지시니라

15:38 이에 성소 휘장이 위로부터 아래까지 찢어져 둘이 되니라

15:39 예수를 향하여 섰던 백부장이 그렇게 숨지심을 보고 이르되 이 사람은 진실로 하나님의 아들이었도다 하더라

15:46 요셉이 세마포를 사서 예수를 내려다가 그것으로 싸서 바위 속에 판 무덤에 넣어 두고 돌을 굴려 무덤 문에 놓으매

말씀연결 중심내용

삿 16 삼손은 이스라엘의 사사요 나실인으로 하나님의 영에 이끌려 살아야 하는데 블레셋 여인 들릴라에 마음이 사로잡혀 **정욕의 지배를 받고** 살아갔습니다. 그는 머리털을 밀리고 힘의 원천이 빠져 눈이 뽑히고 맷돌을 돌리는 신세가 되었습니다. 삼손은 마지막으로 하나님께 간구하여 다곤 신전을 무너뜨리고 블레셋 사람들과 함께 죽었습니다.

행 20 사도 바울은 **성령의 지배를 받아** 주 예수께 받은 사명을 감당하기 위해 자기 생명을 아낌없이 바쳐 수많은 복음의 열매를 맺었습니다. 성령이 에베소 장로들을 통해 에베소 교회를 보살피라고 하셨음을 알리고 당부합니다. 바울은 앞으로 닥칠 환난을 알면서도 예루살렘으로 나아갑니다.

렘 29 거짓 선지자 하나냐와 스마야가 포로 백성들에게 헛된 희망을 갖게 합니다. 예레미야는 **여호와의 영을 받아** 70년 후에 돌아가게 하신다는 하나님의 말씀을 다시 전하며 바벨론 땅에서 결혼도 하고 정착하게 합니다. **거짓의 영에 지배받는** 하나냐와 스마야를 질책하고, **하나님의 말씀에 지배받는 삶**을 살아야 합니다.

막 15 빌라도는 예수님께서 죄가 없음을 알면서도 십자가에 못 박히게 무리에게 넘겨줍니다. 예수님은 십자가의 고통을 묵묵히 감당하십니다. 그리고 십자가에 달려 돌아가실 때도 **하나님의 영에 사로잡혀** 용서와 구원을 완성해 주십니다. 아리마대 요셉은 예수님의 시체를 바위 무덤에 넣습니다.

말씀묵상

삼손은 사사임에도 불구하고 정욕의 지배를 받았습니다. 거짓 선지자 하나냐와 스마야는 거짓의 영에 지배당해서 예레미야의 예언을 거부합니다. 하지만 사도 바울은 성령의 지배를 받아 자기 목숨을 아낌없이 헌신하여 복음 사역의 길로 달려갑니다. 예수님도 인류의 죄를 지고 십자가에서 하나님의 명령을 완수하셨습니다. 개인의 정욕이나 욕심에 지배받는 삶이 아닌, 성령의 인도를 받는 삶이 되기를 다짐합니다.

말씀적용 오늘의 감사

말씀적용

오늘의 감사

믿음으로 감사

소망으로 감사

사랑으로 감사

말씀암송

행 20:24 내가 ☐☐☐ 길과 주 ☐☐께 받은 ☐☐ 곧 하나님의 ☐☐의 ☐☐을 증언하는 일을 ☐☐☐ 함에는 나의 ☐☐조차 조금도 ☐☐ 것으로 여기지 아니하노라

말씀기도

❶ 헛된 정욕에 지배받지 않게 하시고 사명에 매여 사는 복된 인생 되게 하소서.
❷ 하나님의 말씀 밖에서 헛된 소망과 기대를 갖지 않게 하시고 말씀으로 바른 소망을 갖게 하소서.
❸ 십자가의 사랑과 은혜에 감격하며 복음을 전하는 삶을 살게 하소서.

말씀배경 지식

엘리 엘리 라마 사박다니 (막 15:34)

이는 예수님의 일상어인 아람어의 음역이었다. 마가는 그의 습관을 따라 자기의 로마의 독자들을 위해 그 아람어의 뜻을 해석하고 있다. 예수님의 가장 큰 고뇌는 육체적인 것이 아니라, 오히려 세상의 죄를 짊어지는 데서 오는 영혼의 고뇌였다.

소망

사사기 17장 | 사도행전 21장 | 예레미야 30-31장 | 마가복음 16장

사사기 17장 | 자기 소견에 옳은대로 행해 소망이 끊어진 이스라엘

17:1 에브라임 산지에 미가라 이름하는 사람이 있더니

17:5 그 사람 미가에게 신당이 있으므로 그가 에봇과 드라빔을 만들고 한 아들
을 세워 그의 제사장으로 삼았더라

17:6 그 때에는 이스라엘에 왕이 없었으므로 사람마다 자기 소견에 옳은 대로
행하였더라

17:7 유다 가족에 속한 유다 베들레헴에 한 청년이 있었으니 그는 레위인으로서
거기서 거류하였더라

17:10 미가가 그에게 이르되 네가 나와 함께 거주하며 나를 위하여 아버지와 제
사장이 되라 내가 해마다 은 열과 의복 한 벌과 먹을 것을 주리라 하므로 그 레위
인이 들어갔더라

17:12 미가가 그 레위인을 거룩하게 구별하매 그 청년이 미가의 제사장이 되어
그 집에 있었더라

사도행전 21장 | 사명 감당의 소망을 향해 예루살렘으로 가는 사도 바울

21:12 미가가 그 레위인을 거룩하게 구별하매 그 청년이 미가의 제사장이 되어
그 집에 있었더라

21:13 바울이 대답하되 여러분이 어찌하여 울어 내 마음을 상하게 하느냐 나는
주 예수의 이름을 위하여 결박 당할 뿐 아니라 예루살렘에서 죽을 것도 각오하였
노라 하니

21:19 바울이 문안하고 하나님이 자기의 사역으로 말미암아 이방 가운데서 하
신 일을 낱낱이 말하니

21:20 그들이 듣고 하나님께 영광을 돌리고 바울더러 이르되 형제여 그대도 보
는 바에 유대인 중에 믿는 자 수만 명이 있으니 다 율법에 열성을 가진 자라

21:33 이에 천부장이 가까이 가서 바울을 잡아 두 쇠사슬로 결박하라 명하고 그
가 누구이며 그가 무슨 일을 하였느냐 물으니

21:39 바울이 이르되 나는 유대인이라 소읍이 아닌 길리기아 다소 시의 시민이
니 청컨대 백성에게 말하기를 허락하라 하니

오늘의 찬양 | 찬송가 488장 (이 몸의 소망 무언가)

이 몸의 소망 무언가 우리 주 예수 뿐일세 우리 주 예수 밖에는 믿을이 아주 없도다
주 나의 반석이시니 그 위에 내가 서리라 그 위에 내가 서리라

예레미야 30-31장 | 주의 약속으로 인한 소망을 예언하는 예레미야

30:3 여호와의 말씀이니라 보라 내가 내 백성 이스라엘과 유다의 포로를 돌아가
게 할 날이 오리니 내가 그들을 그 조상들에게 준 땅으로 돌아오게 할 것이니 그
들이 그 땅을 차지하리라 여호와께서 말씀하시니라

30:8 만군의 여호와의 말씀이라 그 날에 내가 네 목에서 그 멍에를 꺾어 버리며
네 포박을 끊으리니 다시는 이방인을 섬기지 않으리라

30:10 여호와의 말씀이니라 그러므로 나의 종 야곱아 너는 두려워하지 말라 이
스라엘아 놀라지 말라 내가 너를 먼 곳으로부터 구원하고 네 자손을 잡혀가 있는
땅에서 구원하리니 야곱이 돌아와서 태평과 안락을 누릴 것이며 두렵게 할 자가
없으리라

31:4 처녀 이스라엘아 내가 다시 너를 세우리니 네가 세움을 입을 것이요 네가
다시 소고를 들고 즐거워하는 자들과 함께 춤추며 나오리라

마가복음 16장 | 부활의 소망을 주시는 예수님

16:5 무덤에 들어가서 흰 옷을 입은 한 청년이 우편에 앉은 것을 보고 놀라매

16:6 청년이 이르되 놀라지 말라 너희가 십자가에 못 박히신 나사렛 예수를 찾는구
나 그가 살아나셨고 여기 계시지 아니하니라 보라 그를 두었던 곳이니라

16:9 예수께서 안식 후 첫날 이른 아침에 살아나신 후 전에 일곱 귀신을 쫓아내어
주신 막달라 마리아에게 먼저 보이시니

16:14 그 후에 열한 제자가 음식 먹을 때에 예수께서 그들에게 나타나사 그들의 믿
음 없는 것과 마음이 완악한 것을 꾸짖으시니 이는 자기가 살아난 것을 본 자들의
말을 믿지 아니함일러라

16:15 또 이르시되 너희는 온 천하에 다니며 만민에게 복음을 전파하라

16:16 믿고 세례를 받는 사람은 구원을 얻을 것이요 믿지 않는 사람은 정죄를 받으
리라

16:19 주 예수께서 말씀을 마치신 후에 하늘로 올려지사 하나님 우편에 앉으시니
라

말씀연결 중심내용

삿 17 이스라엘 사람들은 하나님을 기준으로 살지 않고 자기 소견에 옳은대로 살아갑니다. 미가는 은으로 신상을 만들어 신당에 들여놓은 사람인데 레위인 청년이 은과 의복과 먹을 것에 눈이 팔려 가정 제사장으로 들어갑니다. 우상숭배와 불의에 눈이 팔려 **소망**이 끊어진 이스라엘의 모습을 볼 수 있습니다.

행 21 사도 바울은 예루살렘으로 가지 말라는 말을 듣고도 주의 이름을 위해 결박당할 각오를 하고 예루살렘으로 향합니다. 예루살렘이 이르러 백성들이 바울을 잡아 죽이려 합니다. 천부장이 쇠사슬로 결박하라 명하고 영내로 데려가려 합니다. 바울은 자신의 안위를 생각하지 아니하고 사명을 완수하기 위해 끝까지 **소망**을 향해 달려가는 믿음의 제자의 삶을 살았습니다.

렘 30-31 예레미야는 언제나 주님의 약속을 믿고 **소망**으로 살아갑니다. 비록 지금은 수많은 사람이 포로로 잡혀 갔지만 하나님이 심판을 멈추시고 결국 구원해 주실 것을 약속하셨기 때문입니다. 야곱아 두려워하지 말라 이스라엘아 놀라지 말라. 예레미야는 하나님의 말씀을 선포함으로 백성들에게 회복의 **소망**을 갖게 합니다.

막 16 예수님은 부활하셔서 막달라 마리아에게 보이시고 제자들에게 나타나셔서 복음전파의 사명을 주십니다. 사망의 권세를 이기시고 부활하신 예수님은 모든 믿는 자들에게도 **부활의 소망**을 주십니다. 지금 현재 어떤 어두운 절망에 처해 있다 할지라도 언제나 주님을 통해 **소망**을 가질 수 있습니다.

말씀묵상

하나님의 기준으로 살아가지 않고 자기 소견대로 사는 세상은 소망이 없습니다. 포로로 잡혀가는 절망적인 상황 속에서도 예레미야는 예언의 말씀에 근거해서 소망을 선포합니다. 예수님은 부활하셔서 천국의 소망을 우리에게 주셨습니다. 예수님의 은혜를 감사드리며 사도 바울같은 믿음으로 소망의 삶을 살기를 기도합니다.

말씀적용 오늘의 감사

말씀적용

오늘의 감사

믿음으로 감사

소망으로 감사

사랑으로 감사

말씀암송

막 16:15 또 이르시되 너희는 온 ☐☐에 다니며 ☐☐에게 ☐☐을 전파하라

막 16:16 믿고 ☐☐를 받는 사람은 ☐☐을 얻을 것이요 ☐☐ 않는 사람은 ☐☐를 받으리라

말씀기도

❶ 내가 인생의 왕이 되어 내 뜻과 내 기준대로 살아가는 소망없는 삶에서 벗어나게 하소서.

❷ 어떤 어려움과 고통 속에서도 주의 말씀과 부활을 붙잡고 소망을 이어가게 하소서.

❸ 부활의 소망을 주신 예수님을 전하는 사명으로 오늘도 만나는 사람들에게 빛과 소금의 역할을 하게 하소서.

말씀배경 지식

행 21장

누가는 예루살렘에서 유대와 사마리아를 지나 이방인 교회가 안디옥에 설립되기까지의 교회의 확장을 이야기하였다. 안디옥으로부터 복음이 아시아와 유럽을 거치는 바울의 세 차례 선교여행에 의해 그 지역에 전해졌다. 누가는 바울이 로마를 향한 복음이 확장을 위해 가장 중요한 노선이라고 생각한 주요 발자취를 더듬어 기록했다. 유대인에게서 이방인에게 이르는 구속사의 흐름을 누가는 사도행전에서 기록하고 있다.

216 일차 365

8월 4일

하나님의 복

사사기 18장 | 사도행전 22장 | 예레미야 32장 | 시편 1-2편

사사기 18장 | 하나님의 축복에서 멀어진 단 지파

18:1 그 때에 이스라엘에 왕이 없었고 단 지파는 그 때에 거주할 기업의 땅을 구
하는 중이었으니 이는 그들이 이스라엘 지파 중에서 그 때까지 기업을 분배 받지
못하였음이라

18:17 그 땅을 정탐하러 갔던 다섯 사람이 그리로 들어가서 새긴 신상과 에봇과
드라빔과 부어 만든 신상을 가져갈 때에 그 제사장은 무기를 지닌 육백 명과 함
께 문 입구에 섰더니

18:18 그 다섯 사람이 미가의 집에 들어가서 그 새긴 신상과 에봇과 드라빔과 부
어 만든 신상을 가지고 나오매 그 제사장이 그들에게 묻되 너희가 무엇을 하느냐
하니

18:19 그들이 그에게 이르되 잠잠하라 네 손을 입에 대라 우리와 함께 가서 우리
의 아버지와 제사장이 되라 네가 한 사람의 집의 제사장이 되는 것과 이스라엘의
한 지파 한 족속의 제사장이 되는 것 중에서 어느 것이 낫겠느냐 하는지라

18:27 단 자손이 미가가 만든 것과 그 제사장을 취하여 라이스에 이르러 한가하
고 걱정 없이 사는 백성을 만나 칼날로 그들을 치며 그 성읍을 불사르되

사도행전 22장 | 하나님의 복을 받아 복음 전하는 자가 된 바울

22:3 나는 유대인으로 길리기아 다소에서 났고 이 성에서 자라 가말리엘의 문하
에서 우리 조상들의 율법의 엄한 교훈을 받았고 오늘 너희 모든 사람처럼 하나님
께 대하여 열심이 있는 자라

22:4 내가 이 도를 박해하여 사람을 죽이기까지 하고 남녀를 결박하여 옥에 넘
겼노니

22:6 가는 중 다메섹에 가까이 갔을 때에 오정쯤 되어 홀연히 하늘로부터 큰 빛
이 나를 둘러 비치매

22:7 내가 땅에 엎드러져 들으니 소리 있어 이르되 사울아 사울아 네가 왜 나를
박해하느냐 하시거늘

22:8 내가 대답하되 주님 누구시니이까 하니 이르시되 나는 네가 박해하는 나사
렛 예수라 하시더라

22:21 나더러 또 이르시되 떠나가라 내가 너를 멀리 이방인에게로 보내리라 하
셨느니라

오늘의 찬양 | 찬송가 28장 (복의 근원 강림하사)

복의 근원 강림하사 찬송하게 하소서 한량없이 자비하심 측량할 길 없도다
천사들의 찬송가를 내게 가르치소서 구속하신 그 사랑을 항상 찬송합니다

예레미야 32장 | 순종함으로 하나님의 복을 누리는 예레미야

32:1 유다의 시드기야 왕 열째 해 곧 느부갓네살 열여덟째 해에 여호와의 말씀이 예레미야에게 임하니라

32:7 보라 네 숙부 살룸의 아들 하나멜이 네게 와서 말하기를 너는 아나돗에 있는 내 밭을 사라 이 기업을 무를 권리가 네게 있느니라 하리라 하시더니

32:9 내 숙부의 아들 하나멜의 아나돗에 있는 밭을 사는데 은 십칠 세겔을 달아 주되

32:15 만군의 여호와 이스라엘의 하나님께서 이와 같이 말씀하시니라 사람이 이 땅에서 집과 밭과 포도원을 다시 사게 되리라 하셨다 하니라

32:43 너희가 말하기를 황폐하여 사람이나 짐승이 없으며 갈대아인의 손에 넘긴 바 되었다 하는 이 땅에서 사람들이 밭을 사되

32:44 베냐민 땅과 예루살렘 사방과 유다 성읍들과 산지의 성읍들과 저지대의 성읍들과 네겝의 성읍들에 있는 밭을 은으로 사고 증서를 기록하여 봉인하고 증인을 세우리니 이는 내가 그들의 포로를 돌아오게 함이니라 여호와의 말씀이니라

시편 1-2편 | 복 있는 사람이 누리는 형통

1:1 복 있는 사람은 악인들의 꾀를 따르지 아니하며 죄인들의 길에 서지 아니하며 오만한 자들의 자리에 앉지 아니하고

1:2 오직 여호와의 율법을 즐거워하여 그의 율법을 주야로 묵상하는도다

1:3 그는 시냇가에 심은 나무가 철을 따라 열매를 맺으며 그 잎사귀가 마르지 아니함 같으니 그가 하는 모든 일이 다 형통하리로다

2:7 내가 여호와의 명령을 전하노라 여호와께서 내게 이르시되 너는 내 아들이라 오늘 내가 너를 낳았도다

말씀연결 중심내용

삿 18 단 지파는 여호수아때 분배받은 땅을 믿음으로 차지하지 못하고 자기 소견에 옳은대로 라이스 지방으로 가서 점령합니다. 그리고 미가가 만든 신상들을 빼앗아 오고 미가의 가정 제사장을 자기들의 제사장으로 세웁니다. 그들은 **하나님의 복**과는 반대되는 행동으로 그 결과 단 지파는 이후 성경에서 찾아볼 수 없습니다. 우상숭배와 불의를 좇아 단 지파는 **하나님의 축복**에서 떨어져 나갔습니다.

행 22 사도 바울은 자신이 처음에는 **하나님의 복**을 알지 못하고 믿는 무리들을 박해하는 사람이었으나 다메섹 도상에서 주님을 만나 이방인의 사도가 되었음을 설명합니다. 그는 그리스도를 핍박하는 자에서 **하나님의 복**을 받아 복음을 전하는 자가 되었습니다. 천부장은 바울을 채찍질하였는데 그가 로마 시민권자임을 알고 두려워합니다.

렘 32 예레미야는 아나돗의 밭을 은 십칠 세겔에 사서 매매 증서를 받았습니다. 바벨론에 의해 나라가 멸망 당할 시기에 어리석은 일처럼 보입니다. 하지만 하나님께서 하라고 하셨기에 예레미야는 순종했습니다. 지금은 바벨론에 의해 멸망 당하지만 결국에는 이 땅을 회복시킬 것이고 그때에는 밭을 사고 파는 정상적인 매매가 이루어짐을 미리 경험하게 하신 것입니다. 때로는 이해되지 않지만 순종은 **하나님의 복**을 누리게 하는 것입니다.

시 1-2 **하나님의 복**을 받은 사람은 악인이나 죄인이나 오만한 자를 따르지 않습니다. 여호와의 율법을 묵상하며 형통의 자리에 거합니다. **하나님의 복**을 받은 의인들은 여호와께서 인정하시고 너는 내 아들이라 내가 너를 낳았다는 축복을 받습니다.

말씀묵상

땅을 분배받았으나 하나님의 복을 누리지 못하고 우상 숭배의 길로 가버린 단 지파. 예수를 핍박하던 자였으나 복음의 사도가 되어 하나님의 복을 누린 사도 바울. 이해되지 않는 명령이지만 하나님께 순종하는 예레미야. 믿음의 선조들의 삶을 보면서 먼저 된 자가 나중 될 수 있고, 나중 된 자가 먼저 될 수도 있음을 발견합니다. 때로는 이해되지 않고 손해보는 것 같더라도 말씀에 의지하여 하나님께 순종할 수 있는 삶을 살기를 다짐합니다.

말씀적용 오늘의 감사

말씀적용

오늘의 감사

믿음으로 감사

소망으로 감사

사랑으로 감사

말씀암송

시 1:3

그는 □□□에 심은 □□가 □을 따라 □□를 맺으며 그 □□□가 마르지 아니함 같으니 그가 하는 □□ 일이 다 □□하리로다

말씀기도

❶ 교회를 다닌다 하면서도 여전히 세상의 우상을 동시에 섬기는 불신앙을 저지르지는 않는지 늘 깨어 기도하게 하소서.
❷ 이해되지 않는 고난이 온다 할지라도 철저히 말씀에 순종하는 믿음을 갖게 하소서.
❸ 전도하다가 핍박을 받더라도 사도 바울같은 믿음으로 하나님의 복을 전하게 하소서.

말씀배경 지식

모세의 손자요 게르솜의 아들인 요나단 (삿 18:30)

이스라엘인들의 혈통을 거슬러 올라가는 일련의 제사장들이 단 지파의 신전에 제사장의 직무를 행하였다. 다른 번역본(흠정역)은 '모세의 손자 게르솜'이라는 표현 대신 '므낫세의 아들 게르솜'으로 읽고 있다. 그것은 모세의 이름을 우상 숭배와 관련시키지 않으려고 모세 대신 므낫세를 등장시키는 고대 성경 필경자들에 의해 고안된, 필경상의 관례에 의한 것이다.

217 일차 365

말씀대로 행하는 삶

8월 5일

사사기 19장 | 사도행전 23장 | 예레미야 33장 | 시편 3-4편

사사기 19장 | 레위인이 말씀대로 살지 못하여 일어난 일

19:1 이스라엘에 왕이 없을 그 때에 에브라임 산지 구석에 거류하는 어떤 레위 사람이 유다 베들레헴에서 첩을 맞이하였더니

19:2 그 첩이 행음하고 남편을 떠나 유다 베들레헴 그의 아버지의 집에 돌아가서 거기서 넉 달 동안을 지내매

19:3 그의 남편이 그 여자에게 다정하게 말하고 그를 데려오고자 하여 하인 한 사람과 나귀 두 마리를 데리고 그에게로 가매 여자가 그를 인도하여 아버지의 집에 들어가니 그 여자의 아버지가 그를 보고 기뻐하니라

19:28 그에게 이르되 일어나라 우리가 떠나가자 하나 아무 대답이 없는지라 이에 그의 시체를 나귀에 싣고 행하여 자기 곳에 돌아가서

19:29 그 집에 이르러서는 칼을 가지고 자기 첩의 시체를 거두어 그 마디를 찍어 열두 덩이에 나누고 그것을 이스라엘 사방에 두루 보내매

사도행전 23장 | 대제사장과 천부장 앞에서도 말씀대로 행하는 바울

23:1 바울이 공회를 주목하여 이르되 여러분 형제들아 오늘까지 나는 범사에 양심을 따라 하나님을 섬겼노라 하거늘

23:2 대제사장 아나니아가 바울 곁에 서 있는 사람들에게 그 입을 치라 명하니

23:3 바울이 이르되 회칠한 담이여 하나님이 너를 치시리로다 네가 나를 율법대로 심판한다고 앉아서 율법을 어기고 나를 치라 하느냐 하니

23:11 그 날 밤에 주께서 바울 곁에 서서 이르시되 담대하라 네가 예루살렘에서 나의 일을 증언한 것 같이 로마에서도 증언하여야 하리라 하시니라

23:12 날이 새매 유대인들이 당을 지어 맹세하되 바울을 죽이기 전에는 먹지도 아니하고 마시지도 아니하겠다 하고

23:13 이같이 동맹한 자가 사십여 명이더라

23:22 이에 천부장이 청년을 보내며 경계하되 이 일을 내게 알렸다고 아무에게도 이르지 말라 하고

23:23 백부장 둘을 불러 이르되 밤 제 삼 시에 가이사랴까지 갈 보병 이백 명과 기병 칠십 명과 창병 이백 명을 준비하라 하고

23:24 또 바울을 태워 총독 벨릭스에게로 무사히 보내기 위하여 짐승을 준비하라 명하며

오늘의 찬양 | 찬송가 204장 (주의 말씀 듣고서)

주의 말씀 듣고서 준행하는 자는 반석위에 터 닦고 집을 지음 같아
비가 오고 물 나며 바람 부딪쳐도 반석위에 세운 집 무너지지 않네
잘 짓고 잘 짓세 우리 집 잘 짓세 만세 반석 위에 다 우리 집 잘 짓세

예레미야 33장 | 예레미야에게 임하신 하나님의 말씀대로 전하는 삶

33:1 예레미야가 아직 시위대 뜰에 갇혀 있을 때에 여호와의 말씀이 그에게 두 번째로 임하니라 이르시되

33:3 너는 내게 부르짖으라 내가 네게 응답하겠고 네가 알지 못하는 크고 은밀한 일을 네게 보이리라

33:6 그러나 보라 내가 이 성읍을 치료하며 고쳐 낫게 하고 평안과 진실이 풍성함을 그들에게 나타낼 것이며

33:7 내가 유다의 포로와 이스라엘의 포로를 돌아오게 하여 그들을 처음과 같이 세울 것이며

33:8 내가 그들을 내게 범한 그 모든 죄악에서 정하게 하며 그들이 내게 범하며 행한 모든 죄악을 사할 것이라

33:22 하늘의 만상은 셀 수 없으며 바다의 모래는 측량할 수 없나니 내가 그와 같이 내 종 다윗의 자손과 나를 섬기는 레위인을 번성하게 하리라 하시니라

시편 3-4편 | 대적들을 만날지라도 하나님의 말씀대로 평안을 얻는 다윗

3:1 여호와여 나의 대적이 어찌 그리 많은지요 일어나 나를 치는 자가 많으니이다

3:2 많은 사람이 나를 대적하여 말하기를 그는 하나님께 구원을 받지 못한다 하나이다

3:4 내가 나의 목소리로 여호와께 부르짖으니 그의 성산에서 응답하시는도다

3:5 내가 누워 자고 깨었으니 여호와께서 나를 붙드심이로다

3:6 천만인이 나를 에워싸 진 친다 하여도 나는 두려워하지 아니하리이다

4:8 내가 평안히 눕고 자기도 하리니 나를 안전히 살게 하시는 이는 오직 여호와이시니이다

말씀연결 중심내용

삿 19 하나님의 말씀대로 행해야 하는 레위인이 첩을 두고, 그 첩도 행음하고 남편인 레위인을 떠나는 일이 벌어집니다. 첩을 찾아 데려오다가 불량배를 만나게 되고 첩은 불량배에 의해 죽게 됩니다. 그러자 레위인은 첩의 시체를 열두 덩이를 내어 이스라엘 사방에 보냅니다. 도저히 일어날 수 없는 참담한 사건이 말씀을 떠난 레위인에게서 일어난 것입니다. **말씀을 떠난 삶**은 소망이 없습니다.

행 23 바울은 대제사장 아나니아 앞에서도 담대히 하나님을 증거합니다. 유대인 사십여 명이 바울을 죽이기로 공모하는 일이 발각되어 천부장이 바울을 보호해서 로마로 호송합니다. 하나님을 섬겨 범사에 **말씀대로 행하는 바울의 삶**을 로마 군인들이 보호하는 기적이 일어난 것입니다.

렘 33 예레미야는 하나님의 **말씀대로 행하며** 예언을 통해 경고의 메시지를 전하다가 시위대 뜰에 갇혀 있습니다. 하나님은 놀랍게도 희망이 없는 유다와 이스라엘의 포로들에게 회복의 성취를 약속하십니다. 포로된 자를 불쌍히 여기시는 긍휼의 하나님, 돌아오게 하시는 회복의 하나님을 선포하며 예레미야는 **말씀대로 사명을 감당**합니다.

시 3-4 시편 기자는 많은 대적들로 인해 곤고하고 두려운 상태에서 하나님의 돌보심을 간구하고 있습니다. 그가 주님께 부르짖을 때 여호와의 붙드심을 느끼고 두려움을 이겨내게 됩니다. 여호와의 말씀이 그에게 구원이요 복이 되는 삶입니다. 결국 주님이 주신 기쁨을 누리게 되고 **말씀대로 따라 행할 때** 평안히 눕고 자는 은혜를 받습니다.

말씀묵상

말씀을 떠나 행음과 추악한 일을 저지르는 레위인이 있는 반면, 사도 바울을 보호하는 이방인 천부장도 있습니다. 예레미야는 갇힌 상태에서도 말씀대로 사명을 감당하고, 시편 기자는 대적들의 위협 앞에서도 말씀에 의지하여 평안을 얻습니다. 여호와의 말씀이 내 삶의 기쁨이요 구원과 평안을 가져다줌을 늘 느끼며 살길 소원합니다.

말씀적용 오늘의 감사

말씀적용

오늘의 감사

믿음으로 감사

소망으로 감사

사랑으로 감사

말씀암송

시 3:6 □□□이 나를 □□□ 진 친다 하여도 나는 □□□하지 아니하리이다

시 4:8 내가 □□□ 눕고 □□도 하리니 나를 □□□ 살게 하시는 이는 오직 □□□이시니이다

말씀기도

❶ 결코 말씀에서 멀어져서 하나님의 축복이 끊기는 일이 없게 하소서.

❷ 때로는 고난이 온다 해도 말씀에 의지하여 말씀대로 행하는 믿음을 갖게 하소서.

❸ 주님 안에 거할 때 여호와의 붙드심을 경험하여 평안히 눕고 자는 은혜를 받게 하소서.

말씀배경 지식

회칠한 담
(행 23:3)

흰색 도료로 칠해 위험한 지반을 위장해 놓은 것이기 때문에 겉으로 보기에는 이상이 없어 보이나 실제로는 흔들리는 벽을 시사한다. 그 의미는 대제사장 아나니아가 높은 지위는 가졌지만 그는 반드시 비탄에 빠질 것이라는 것이다. 실제로 아나니아는 약 8년 뒤에 피살되었다.

218 일차 / 365

8월 6일

돌이키라!

사사기 20장 | 사도행전 24장 | 예레미야 34장 | 시편 5-6편

사사기 20장 | 죄를 돌이키지 않는 베냐민 자손들

20:4 레위 사람 곧 죽임을 당한 여인의 남편이 대답하여 이르되 내가 내 첩과 더불어 베냐민에 속한 기브아에 유숙하러 갔더니

20:5 기브아 사람들이 나를 치러 일어나서 밤에 내가 묵고 있던 집을 에워싸고 나를 죽이려 하고 내 첩을 욕보여 그를 죽게 한지라

20:12 이스라엘 지파들이 베냐민 온 지파에 사람들을 보내어 두루 다니며 이르기를 너희 중에서 생긴 이 악행이 어찌 됨이냐

20:13 그런즉 이제 기브아 사람들 곧 그 불량배들을 우리에게 넘겨 주어서 우리가 그들을 죽여 이스라엘 중에서 악을 제거하여 버리게 하라 하나 베냐민 자손이 그들의 형제 이스라엘 자손의 말을 듣지 아니하고

20:14 도리어 성읍들로부터 기브아에 모이고 나가서 이스라엘 자손과 싸우고자 하니라

20:35 여호와께서 이스라엘 앞에서 베냐민을 치시매 당일에 이스라엘 자손이 베냐민 사람 이만 오천백 명을 죽였으니 다 칼을 빼는 자였더라

사도행전 24장 | 다메섹 도상에서 죄를 돌이킨 이후 흔들림 없는 바울

24:1 닷새 후에 대제사장 아나니아가 어떤 장로들과 한 변호사 더둘로와 함께 내려와서 총독 앞에서 바울을 고발하니라

24:2 바울을 부르매 더둘로가 고발하여 이르되

24:5 우리가 보니 이 사람은 전염병 같은 자라 천하에 흩어진 유대인을 다 소요하게 하는 자요 나사렛 이단의 우두머리라

24:10 총독이 바울에게 머리로 표시하여 말하라 하니 그가 대답하되 당신이 여러 해 전부터 이 민족의 재판장 된 것을 내가 알고 내 사건에 대하여 기꺼이 변명하나이다

24:14 그러나 이것을 당신께 고백하리이다 나는 그들이 이단이라 하는 도를 따라 조상의 하나님을 섬기고 율법과 선지자들의 글에 기록된 것을 다 믿으며

24:15 그들이 기다리는 바 하나님께 향한 소망을 나도 가졌으니 곧 의인과 악인의 부활이 있으리라 함이니이다

24:16 이것으로 말미암아 나도 하나님과 사람에 대하여 항상 양심에 거리낌이 없기를 힘쓰나이다

오늘의 찬양 | 찬송가 273장 (나 주를 멀리 떠났다)

나 주를 멀리 떠났다 이제 옵니다 나 죄의 길에 시달려 주여 옵니다
나 이제 왔으니 내 집을 찾아 주여 나를 받으사 맞아 주소서

예레미야 34장 | 돌이키지 않고 동족을 노비로 삼는 이스라엘 고관들

34:8 시드기야 왕이 예루살렘에 있는 모든 백성과 한 가지로 하나님 앞에서 계
약을 맺고 자유를 선포한 후에 여호와께로부터 말씀이 예레미야에게 임하니라

34:9 그 계약은 사람마다 각기 히브리 남녀 노비를 놓아 자유롭게 하고 그의 동
족 유다인을 종으로 삼지 못하게 한 것이라

34:10 이 계약에 가담한 고관들과 모든 백성이 각기 노비를 자유롭게 하고 다시
는 종을 삼지 말라 함을 듣고 순복하여 놓았더니

34:11 후에 그들의 뜻이 변하여 자유를 주었던 노비를 끌어다가 복종시켜 다시
노비로 삼았더라

시편 5-6편 | 돌이켜 회개할 때 다윗의 기도를 들으신 하나님

6:1 여호와여 주의 분노로 나를 책망하지 마시오며 주의 진노로 나를 징계하지 마
옵소서

6:2 여호와여 내가 수척하였사오니 내게 은혜를 베푸소서 여호와여 나의 뼈가 떨
리오니 나를 고치소서

6:6 내가 탄식함으로 피곤하여 밤마다 눈물로 내 침상을 띄우며 내 요를 적시나이
다

6:9 여호와께서 내 간구를 들으셨음이여 여호와께서 내 기도를 받으시리로다

말씀연결 중심내용

삿 20 레위 사람은 베냐민 지파 중 기브아 사람들이 자기의 첩을 윤간하여 죽였다고 항변합니다. 이스라엘 지파들이 베냐민 지파를 넘겨달라고 하자 베냐민 지파는 오히려 이스라엘 자손과 싸웁니다. 레위 사람도 잘못하였지만 베냐민 지파 사람들 역시 죄를 **돌이키지 않습니다.** 이에 여호와께서 베냐민을 치사 이만 오천명이 죽습니다.

행 24 대제사장 아나니아와 장로들과 변호사 더둘로는 벨릭스 총독 앞에서 바울을 고발합니다. 전염병 같고 나사렛 이단의 우두머리라는 고발을 듣고 바울은 위기를 모면하기 위해 신앙을 부인하지 않았습니다. 대신에 하나님 앞에서 양심에 거리낌 없기를 힘씁니다. 바울은 다메섹 도상에서 회개하고 **돌이킨 후**, 결코 흔들림 없이 예수님을 증거했습니다.

렘 34 하나님은 예레미야를 통해 시드기야 왕에게 말씀을 전합니다. 히브리 남녀 노비를 놓아 자유인이 되게 하고 동족을 종으로 삼지 말라. 처음에는 고관과 백성이 노비들을 놓아 자유를 주었으나, 후에 마음이 변하여 노비를 끌어다가 다시 노비로 삼았습니다. **돌이켜** 여호와의 말씀대로 자유를 주었던 고관들이 다시 하나님의 명령에 대적합니다. 잠시 잠깐 하나님께 순복했다가 다시 악으로 돌아가는 일이 있어서는 안됩니다.

시 5-6 다윗은 주님의 분노와 진노 가운데 놓여 있습니다. 그가 수척해지고 영혼도 떨리며 **돌이켜** 탄식하고 근심하여 눈물로 간구할 때 여호와께서는 비로소 그의 간구를 들으시고 그의 기도를 받으십니다. 하나님은 주께 피하는 모든 사람을 기뻐하시며, **돌이켜 회개하고** 주의 이름을 사랑하는 자들은 주를 즐거워하는 복을 얻습니다.

말씀묵상

베냐민 지파는 행음을 돌이키지 않아 이만 오천명이 죽임을 당합니다. 바울은 회심 사건 이후 흔들리지 않는 믿음으로 예수님을 증거합니다. 이스라엘 고관들은 동족을 노비로 삼은 죄를 돌이키지 않고 반복합니다. 다윗은 눈물로 간구하며 회개하여 드디어 하나님으로부터 기도를 응답받습니다. 자꾸만 세상으로 나아가는 내 모습을 돌이키며 주님 앞에 온전히 서기를 다짐합니다.

말씀적용 오늘의 감사

말씀적용

오늘의 감사

믿음으로 감사

소망으로 감사

사랑으로 감사

말씀암송

시 6:6 내가 □□함으로 □□하여 밤마다 □□로 내 □□을 띄우며 내 □를 적시나이다

시 6:9 □□□께서 내 □□를 들으셨음이여 여호와께서 내 □□를 받으시리로다

말씀기도

❶ 기도 중에 떠오르는 죄를 회피하지 말고 돌이켜 회개하게 하소서.
❷ 상황만 모면하고 다시 죄를 짓는 형식적 회개에서 멀어지게 하소서.
❸ 죄에서 돌이킨 변화된 모습이 흔들리지 않고 더 깊은 믿음으로 살아가게 하소서.

말씀배경 지식

예루살렘(렘 34:1)

성경에서 자주 그러하듯이 도성의 이름은 전국을 상징하기도 한다. 예루살렘은 이스라엘 전체를 상징하고, 두로나 시돈은 페니키아(베니게) 전체를, 다메섹은 시리아(수리아) 전체를 상징하는 것과 같다.

히브리 남녀 노비를 놓아 자유롭게 하고 (렘 34:9)

히브리 노예들은 (보통 빚 때문에 생긴다) 6년 기한을 봉사하면, 7년째 되는 해에는 해방되어야 했다.

219 일차 365

8월 7일

자기 소견에 옳은 대로

사사기 21장 | 사도행전 25장 | 예레미야 35장 | 시편 7-8편

사사기 21장 | 자기 소견에 옳은대로 패역한 행위를 하는 이스라엘 사람들

21:2 백성이 벧엘에 이르러 거기서 저녁까지 하나님 앞에 앉아서 큰 소리로 울며

21:3 이르되 이스라엘의 하나님 여호와여 어찌하여 이스라엘에 이런 일이 생겨서 오늘 이스라엘 중에 한 지파가 없어지게 하시나이까 하더니

21:16 회중의 장로들이 이르되 베냐민의 여인이 다 멸절되었으니 이제 그 남은 자들에게 어떻게 하여야 아내를 얻게 할까 하고

21:20 베냐민 자손에게 명령하여 이르되 가서 포도원에 숨어

21:21 보다가 실로의 여자들이 춤을 추러 나오거든 너희는 포도원에서 나와서 실로의 딸 중에서 각각 하나를 붙들어 가지고 자기의 아내로 삼아 베냐민 땅으로 돌아가라

21:23 베냐민 자손이 그같이 행하여 춤추는 여자들 중에서 자기들의 숫자대로 붙들어 아내로 삼아 자기 기업에 돌아가서 성읍들을 건축하고 거기에 거주하였더라

21:25 그 때에 이스라엘에 왕이 없으므로 사람이 각기 자기의 소견에 옳은 대로 행하였더라

사도행전 25장 | 바울이 무죄임을 알고도 자기 소견대로 재판하는 베스도 총독

25:1 베스도가 부임한 지 삼 일 후에 가이사랴에서 예루살렘으로 올라가니

25:2 대제사장들과 유대인 중 높은 사람들이 바울을 고소할새

25:9 베스도가 유대인의 마음을 얻고자 하여 바울더러 묻되 네가 예루살렘에 올라가서 이 사건에 대하여 내 앞에서 심문을 받으려느냐

25:10 바울이 이르되 내가 가이사의 재판 자리 앞에 섰으니 마땅히 거기서 심문을 받을 것이라 당신도 잘 아시는 바와 같이 내가 유대인들에게 불의를 행한 일이 없나이다

25:25 내가 살피건대 죽일 죄를 범한 일이 없더이다 그러나 그가 황제에게 상소한 고로 보내기로 결정하였나이다

오늘의 찬양 | 찬송가 314장 (내 구주 예수를 더욱 사랑)

내 구주 예수를 더욱 사랑 엎드려 비는 말 들으소서
내 진정 소원이 내 구주 예수를 더욱 사랑 더욱 사랑

예레미야 35장 | 자기 소견대로 행하지 않고 교훈을 따른 레갑 사람들

35:13 만군의 여호와 이스라엘의 하나님께서 이와 같이 말씀하시니라 너는 가
서 유다 사람들과 예루살렘 주민에게 이르기를 너희가 내 말을 들으며 교훈을 받
지 아니하겠느냐 여호와의 말씀이니라

35:14 레갑의 아들 요나답이 그의 자손에게 포도주를 마시지 말라 한 그 명령은
실행되도다 그들은 그 선조의 명령을 순종하여 오늘까지 마시지 아니하거늘 내
가 너희에게 말하고 끊임없이 말하여도 너희는 내게 순종하지 아니하도다

35:15 내가 내 종 모든 선지자를 너희에게 보내고 끊임없이 보내며 이르기를 너
희는 이제 각기 악한 길에서 돌이켜 행위를 고치고 다른 신을 따라 그를 섬기지
말라 그리하면 너희는 내가 너희와 너희 선조에게 준 이 땅에 살리라 하여도 너
희가 귀를 기울이지 아니하며 내게 순종하지 아니하였느니라

35:16 레갑의 아들 요나답의 자손은 그의 선조가 그들에게 명령한 그 명령을 지
켜 행하나 이 백성은 내게 순종하지 아니하도다

35:19 그러므로 만군의 여호와 이스라엘의 하나님께서 이와 같이 말씀하시니라
레갑의 아들 요나답에게서 내 앞에 설 사람이 영원히 끊어지지 아니하리라 하시
니라

시편 7-8편 | 자기 소견대로 웅덩이를 판 어리석은 악인

7:1 여호와 내 하나님이여 내가 주께 피하오니 나를 쫓아오는 모든 자들에게서 나
를 구원하여 내소서

7:10 나의 방패는 마음이 정직한 자를 구원하시는 하나님께 있도다

7:14 악인이 죄악을 낳음이여 재앙을 배어 거짓을 낳았도다

7:15 그가 웅덩이를 파 만듦이여 제가 만든 함정에 빠졌도다

8:1 여호와 우리 주여 주의 이름이 온 땅에 어찌 그리 아름다운지요 주의 영광이 하
늘을 덮었나이다

8:3 주의 손가락으로 만드신 주의 하늘과 주께서 베풀어 두신 달과 별들을 내가 보
오니

8:4 사람이 무엇이기에 주께서 그를 생각하시며 인자가 무엇이기에 주께서 그를
돌보시나이까

말씀연결 중심내용

삿 21 이스라엘 사람들은 동족 간에 서로 죽이는 참사로 베냐민 지파가 멸절할 위기에 놓이자 길르앗 야베스 사람들을 끔찍하게 살육했고, 처녀 400명을 붙잡아 와서 베냐민 사람의 아내로 주었습니다. 하나님의 말씀을 떠나 **자기 소견에 옳은 대로** 패역한 행위를 했던 것입니다.

행 25 베스도 총독은 바울이 잡힌 이유가 종교적인 문제일 뿐 악행의 혐의는 하나도 없는 무죄임을 알았습니다. 그러나 베스도는 유죄 무죄를 떠나서 유대인의 마음을 얻고자 **자기 소견에 옳은 대로 재판하며** 예루살렘에 올라가서 심판을 받겠느냐고 물어봅니다. 바울은 가이사에게 상소하겠다고 대답합니다.

렘 35 유다와 예루살렘 주민들은 **자기 소견에 옳은 대로** 행해 여호와께 순종하지 않았으나 레갑 자손들은 선조 요나답의 명령을 잘 지켜 포도주를 마시지 않고 순종했습니다. 자기 소견에 옳은 대로 행하지 않고 선조의 말을 잘 따른 레갑 자손에게 가문이 영원히 끊어지지 않는 축복을 주셨습니다.

시 7-8 악인은 **자기 소견에 옳은 대로** 행하여 제 웅덩이를 스스로 파서 함정에 빠지나 다윗은 마음이 정직하여 하나님의 구원의 방패를 마음에 간직했습니다. 다윗은 주가 만드신 하늘과 달과 별들을 보며 사람을 생각하시고 돌보시는 주님을 찬양합니다.

말씀암송

시 8:1 □□□ 우리 □여 주의 이름이 □ 땅에 어찌 그리 □□□ □지요 주의 □□이 □□을 덮었나이다

말씀묵상

사사기의 마지막 장에까지 자기 소견에 옳은 대로 악을 행하는 이스라엘 백성들, 바울의 무죄를 알고도 유대인의 마음을 얻으려고 재판하는 베스도, 스스로 웅덩이와 함정에 빠지는 악인들. 이들은 자기 소견으로 여호와께 순종하지 않았으나 레갑 자손과 다윗은 하나님의 기준대로 행하는 의인들이었습니다. 내 좁은 소견을 따라 악인의 길로 가지 않고 다윗의 길로 가는 신앙인으로 거듭나기를 다짐합니다.

말씀적용 오늘의 감사

말씀적용

오늘의 감사

믿음으로 감사

소망으로 감사

사랑으로 감사

말씀기도

❶ 선택받은 이스라엘 백성도 여호와의 길에서 멀어진 것을 보며 하나님께 내 생각과 행동을 의지하며 살아가게 하소서.

❷ 말씀에 철저히 순종하고 신실함으로 하나님의 축복을 받는 성도 되게 하소서.

❸ 내가 옳다 여기는 생각을 고집하지 않게 하시고 철저히 하나님의 말씀을 기준으로 삼고 살아가게 하소서.

말씀배경 지식

시편 8편

이 시편은 유한한 인간이 깨닫지 못했던 장엄의 절정에 도달하는 찬송이다. 여기에는 사고의 진전이 있다. 즉 하늘의 하나님 보좌의 장엄함에서, 땅의 가장 낮은 짐승들까지 사람은 하나님의 창조의 중심에 있다. 시편 8편은 히브리서 2:6에서 인용되었다.

주님을 의지하는 믿음

룻기 1장 | 사도행전 26장 | 예레미야 36-37장 | 시편 9편

룻기 1장 | 주님을 의지하는 믿음으로 나오미와 함께 하는 룻

1:1 사사들이 치리하던 때에 그 땅에 흉년이 드니라 유다 베들레헴에 한 사람이 그의 아내와 두 아들을 데리고 모압 지방에 가서 거류하였는데

1:5 말론과 기룐 두 사람이 다 죽고 그 여인은 두 아들과 남편의 뒤에 남았더라

1:6 그 여인이 모압 지방에서 여호와께서 자기 백성을 돌보시사 그들에게 양식을 주셨다 함을 듣고 이에 두 며느리와 함께 일어나 모압 지방에서 돌아오려 하여

1:8 나오미가 두 며느리에게 이르되 너희는 각기 너희 어머니의 집으로 돌아가라 너희가 죽은 자들과 나를 선대한 것 같이 여호와께서 너희를 선대하시기를 원하며

1:10 나오미에게 이르되 아니니이다 우리는 어머니와 함께 어머니의 백성에게로 돌아가겠나이다 하는지라

1:16 룻이 이르되 내게 어머니를 떠나며 어머니를 따르지 말고 돌아가라 강권하지 마옵소서 어머니께서 가시는 곳에 나도 가고 어머니께서 머무시는 곳에서 나도 머물겠나이다 어머니의 백성이 나의 백성이 되고 어머니의 하나님이 나의 하나님이 되시리니

1:22 나오미가 모압 지방에서 그의 며느리 모압 여인 룻과 함께 돌아왔는데 그들이 보리 추수 시작할 때에 베들레헴에 이르렀더라

사도행전 26장 | 앞에서도 주님을 의지하는 믿음으로 복음을 전하는 바울

26:1 아그립바가 바울에게 이르되 너를 위하여 말하기를 네게 허락하노라 하니 이에 바울이 손을 들어 변명하되

26:22 하나님의 도우심을 받아 내가 오늘까지 서서 높고 낮은 사람 앞에서 증언하는 것은 선지자들과 모세가 반드시 되리라고 말한 것밖에 없으니

26:23 곧 그리스도가 고난을 받으실 것과 죽은 자 가운데서 먼저 다시 살아나사 이스라엘과 이방인들에게 빛을 전하시리라 함이니이다 하니라

26:27 아그립바 왕이여 선지자를 믿으시나이까 믿으시는 줄 아나이다

26:28 아그립바가 바울에게 이르되 네가 적은 말로 나를 권하여 그리스도인이 되게 하려 하는도다

오늘의 찬양 | 찬송가 542장 (구주 예수 의지함이)

구주 예수 의지함이 심히 기쁜 일일세 영생 허락 받았으니 의심 아주 없도다
예수 예수 믿는 것은 받은 증거 많도다 예수 예수 귀한 예수 믿음 더욱 주소서

예레미야 36-37장 | 주님을 의지하는 믿음으로 말씀을 선포하고 기록하는 예레미야

36:1 유다의 요시야 왕의 아들 여호야김 제사년에 여호와께로부터 예레미야에게 말씀이 임하니라 이르시되

36:2 너는 두루마리 책을 가져다가 내가 네게 말하던 날 곧 요시야의 날부터 오늘까지 이스라엘과 유다와 모든 나라에 대하여 내가 네게 일러 준 모든 말을 거기에 기록하라

36:3 유다 가문이 내가 그들에게 내리려 한 모든 재난을 듣고 각기 악한 길에서 돌이키리니 그리하면 내가 그 악과 죄를 용서하리라 하시니라

36:4 이에 예레미야가 네리야의 아들 바룩을 부르매 바룩이 예레미야가 불러 주는 대로 여호와께서 그에게 이르신 모든 말씀을 두루마리 책에 기록하니라

36:23 여후디가 서너 쪽을 낭독하면 왕이 칼로 그것을 연하여 베어 화로 불에 던져서 두루마리를 모두 태웠더라

36:25 엘라단과 들라야와 그마랴가 왕께 두루마리를 불사르지 말도록 아뢰어도 왕이 듣지 아니하였으며

시편 9편 | 전심으로 주님을 의지하는 자들의 기쁨

9:1 내가 전심으로 여호와께 감사하오며 주의 모든 기이한 일들을 전하리이다

9:2 내가 주를 기뻐하고 즐거워하며 지존하신 주의 이름을 찬송하리니

9:3 내 원수들이 물러갈 때에 주 앞에서 넘어져 망함이니이다

9:4 주께서 나의 의와 송사를 변호하셨으며 보좌에 앉으사 의롭게 심판하셨나이다

9:10 여호와여 주의 이름을 아는 자는 주를 의지하오리니 이는 주를 찾는 자들을 버리지 아니하심이니이다

말씀연결 중심내용

룻 1 이방 땅 모압 지방에 거주하던 나오미는 남편과 두 아들을 잃고 며느리들과 함께 살며 절망적인 상황 가운데 있다가 하나님께서 자기 백성들을 돌보셨다는 소식을 듣습니다. 나오미는 **주님을 의지하는 믿음**으로 유다 땅으로 돌아가기를 결심합니다. 이방 여인 룻은 시어머니를 따라 하나님의 은혜의 품으로 나아가는 결단을 하고 베들레헴에 도착합니다.

행 26 바울은 자신을 심문하는 헤롯 아그립바 2세 앞에서 **주님을 의지하는 믿음**으로 담대하게 복음을 전합니다. 다메섹에서 회심하고 하나님께로 돌아와 그 은혜에 응답하여 이스라엘과 이방인에게 빛을 전하는 바울의 모습은 왕과 총독으로 하여금 바울이 무죄임을 고백하게 합니다.

렘 36-37 여호와께서 예레미야에게 임하사 유다 가문의 죄를 용서하게 하시려고 말씀을 기록하게 합니다. 예레미야와 바룩은 **주님을 의지하는 믿음**으로 말씀을 선포하나 유다의 왕과 백성들은 하나님의 말씀을 거부하고 두루마리를 불태웁니다. 바룩이 다시 그 두루마리를 기록합니다. 예레미야는 뚜껑 씌운 웅덩이에 갇히게 됩니다.

시 9 다윗은 여호와를 찾는 자들을 버리지 아니하시는 **주님을 의지하는 믿음**으로 찬송합니다. 원수들이 물러가고 다윗의 의와 송사를 변호하시는 의로우신 하나님은 압제와 환난에서 요새가 되어 주십니다.

말씀암송

시 9:10 여호와여 □의 이름을 □□ 자는 주를 □□하오리니 이는 주를 □□ 자들을 버리지 □□□□이니이다

말씀묵상

절망적인 현실 속에서도 시어머니의 하나님을 의지하고 따르는 이방 여인 룻, 헤롯 왕 앞에서도 담대히 복음을 전하는 바울, 두루마리가 불타도 다시 하나님의 말씀을 기록하는 예레미야와 바룩, 원수들 앞에서 요새가 되어 주시는 주님을 의지하는 다윗. 믿음의 선조들의 삶을 본받아 나 역시 오늘의 어려움 가운데서 믿음을 잃지 않고 주님을 의지할 것을 고백합니다.

말씀적용 오늘의 감사

말씀적용

오늘의 감사

믿음으로 감사

소망으로 감사

사랑으로 감사

말씀기도

❶ 주님을 의지하는 자를 외면하지 않으시는 하나님의 놀라운 사랑에 감사와 영광을 올려 드립니다.
❷ 하나님의 말씀을 거부하여 어리석게 은혜의 기회를 잃어버리지 않게 하소서.
❸ 어떤 상황 속에서도 담대히 복음을 전하는 사도 바울의 믿음을 갖게 하소서.

말씀배경 지식

룻기의 배경

'사사들이 치리하던 때에' 룻기는 사사 시대를 배경으로 하고 있다. 사사 시대는 혼란과 불안정의 시대였다. 지파 간의 알력과 이방 압제는 정치적으로 이스라엘을 약화시켰고, 우상 숭배는 출애굽 당시에 하나님의 능력을 경험했던 백성들의 도덕적 활력을 없애버렸다. 이스라엘 하나님의 경배자가 된 모압 여인 룻은, 시어머니와 함께 베들레헴으로 돌아와 행복하게도 보아스와 결혼하였고 그녀는 다윗 왕의 조상이 되었다.

221 일차 365

8월 9일

보호하시는 하나님

룻기 2장 | 사도행전 27장 | 예레미야 38장 | 시편 10편

룻기 2장 | 나오미와 룻을 보호하시는 하나님

2:1 나오미의 남편 엘리멜렉의 친족으로 유력한 자가 있으니 그의 이름은 보아스더라

2:3 룻이 가서 베는 자를 따라 밭에서 이삭을 줍는데 우연히 엘리멜렉의 친족 보아스에게 속한 밭에 이르렀더라

2:8 보아스가 룻에게 이르되 내 딸아 들으라 이삭을 주우러 다른 밭으로 가지 말며 여기서 떠나지 말고 나의 소녀들과 함께 있으라

2:12 여호와께서 네가 행한 일에 보답하시기를 원하며 이스라엘의 하나님 여호와께서 그의 날개 아래에 보호를 받으러 온 네게 온전한 상 주시기를 원하노라 하는지라

사도행전 27장 | 바울을 위해 그 일행까지도 보호하시는 하나님

27:1 우리가 배를 타고 이달리야에 가기로 작정되매 바울과 다른 죄수 몇 사람을 아구스도대의 백부장 율리오란 사람에게 맡기니

27:2 아시아 해변 각처로 가려 하는 아드라뭇데노 배에 우리가 올라 항해할새 마게도냐의 데살로니가 사람 아리스다고도 함께 하니라

27:9 여러 날이 걸려 금식하는 절기가 이미 지났으므로 항해하기가 위태한지라 바울이 그들을 권하여

27:22 내가 너희를 권하노니 이제는 안심하라 너희 중 아무도 생명에는 아무런 손상이 없겠고 오직 배뿐이리라

27:23 내가 속한 바 곧 내가 섬기는 하나님의 사자가 어제 밤에 내 곁에 서서 말하되

27:24 바울아 두려워하지 말라 네가 가이사 앞에 서야 하겠고 또 하나님께서 너와 함께 항해하는 자를 다 네게 주셨다 하였으니

27:25 그러므로 여러분이여 안심하라 나는 내게 말씀하신 그대로 되리라고 하나님을 믿노라

오늘의 찬양 | 찬송가 370장 (주 안에 있는 나에게)

주 안에 있는 나에게 딴 근심 있으랴 십자가 밑에 나아가 내 짐을 풀었네
주님을 찬송 하면서 할렐루야 할렐루야 내 앞길 멀고 험해도 나 주님만 따라가리

예레미야 38장 | 예레미야를 보호하시는 하나님

38:3 여호와께서 이와 같이 말씀하시니라 이 성이 반드시 바벨론의 왕의 군대의 손에 넘어가리니 그가 차지하리라 하셨다 하는지라

38:6 그들이 예레미야를 끌어다가 감옥 뜰에 있는 왕의 아들 말기야의 구덩이에 던져 넣을 때에 예레미야를 줄로 달아내렸는데 그 구덩이에는 물이 없고 진창뿐이므로 예레미야가 진창 속에 빠졌더라

38:10 왕이 구스 사람 에벳멜렉에게 명령하여 이르되 너는 여기서 삼십 명을 데리고 가서 선지자 예레미야가 죽기 전에 그를 구덩이에서 끌어내라

38:11 에벳멜렉이 사람들을 데리고 왕궁 곳간 밑 방에 들어가서 거기에서 헝겊과 낡은 옷을 가져다가 그것을 구덩이에 있는 예레미야에게 밧줄로 내리며

38:13 그들이 줄로 예레미야를 구덩이에서 끌어낸지라 예레미야가 시위대 뜰에 머무니라

시편 10편 | 주를 의지하는 자를 보호하시는 여호와

10:1 여호와여 어찌하여 멀리 서시며 어찌하여 환난 때에 숨으시나이까

10:2 악한 자가 교만하여 가련한 자를 심히 압박하오니 그들이 자기가 베푼 꾀에 빠지게 하소서

10:12 여호와여 일어나옵소서 하나님이여 손을 드옵소서 가난한 자들을 잊지 마옵소서

10:14 주께서는 보셨나이다 주는 재앙과 원한을 감찰하시고 주의 손으로 갚으려 하시오니 외로운 자가 주를 의지하나이다 주는 벌써부터 고아를 도우시는 이시니이다

10:17 여호와여 주는 겸손한 자의 소원을 들으셨사오니 그들의 마음을 준비하시며 귀를 기울여 들으시고

10:18 고아와 압제 당하는 자를 위하여 심판하사 세상에 속한 자가 다시는 위협하지 못하게 하시리이다

말씀연결 중심내용

룻 2 룻의 신실한 믿음과 나오미를 공경하는 삶을 하나님은 다 보고 계셨습니다. 그리하여 나오미와 룻을 **보호하시는 하나님**은 그들의 친족 중 유력한 자인 보아스를 통해 이삭을 주워 배불리 먹게 합니다.

행 27 바울이 로마로 압송되던 중에 풍랑을 만났으나 바울은 **하나님의 보호하심**의 말씀을 받습니다. 바울이 가이사 앞에 서야하기 때문에 하나님은 풍랑에서 안전하게 해주셨습니다. 하나님은 고난 가운데 있는 백성들을 결코 모른 체하고 내버려 두시지 않으십니다.

렘 38 바벨론에 항복하는 것이 살 길이라는 하나님의 말씀을 전하자 예레미야는 구덩이에 갇혀 죽을 위기에 처합니다. 그러자 생명을 걸고 사명을 감당하는 자를 **보호하시는 하나님**의 역사가 내시 에벳멜렉의 입을 통해 왕에게 전달됩니다. 시드기야 왕은 헝겊과 낡은 옷을 밧줄로 사용하여 예레미야를 구덩이에서 끌어내게 합니다.

시 10 시편 기자는 악인들의 불의한 행위로 고통 중에 있는 가련한 사람들을 잊지 말아 달라고 간구합니다. 고아처럼 외로운 자가 주를 의지할 때 **보호하시는 하나님**을 경험하게 됩니다. 시편 기자는 세상에 속한 자가 의인을 위협하지 못하도록 보호와 도우심을 기도합니다.

말씀암송

룻 2:12 여호와께서 □가 □□ 일에 □□하시기를 원하며 이스라엘의 하나님 여호와께서 그의 □□ 아래에 □□를 받으러 온 네게 □□□상 주시기를 원하노라 하는지라

말씀묵상

나오미와 룻은 하나님의 보호하심을 받아 보아스의 밭에서 이삭을 줍게 되고, 바울은 사나운 풍랑 가운데서 섬으로 착륙하게 됩니다. 예레미야는 구덩이에 빠져 죽게 되었으나 밧줄로 끌어냄을 받고, 시편 기자는 악인에게서 보호해 달라고 하나님께 간구합니다. 의인을 결코 외면하지 않는 하나님의 보호하심을 매일 경험하는 은혜로운 삶이 되기를 소망합니다.

말씀적용 오늘의 감사

말씀적용

오늘의 감사

믿음으로 감사

소망으로 감사

사랑으로 감사

말씀기도

❶ 하나님을 의지하는 자를 결코 외면하지 않으시는 하나님께 감사의 찬송을 올려 드립니다.
❷ 어떤 위기가 와도, 어떤 두려운 상황 속에서도 하나님의 함께 하심을 놓치지 않게 하소서.
❸ 하나님 편에 서서 타협하지 않고 담대히 사명의 길을 갈 때, 죽음의 구덩이에서도 건지시는 하나님의 기막힌 은혜를 경험하게 하소서.

말씀배경 지식

나오미의 남편 엘리멜렉의 친족으로 유력한 자가 있으니 그의 이름은 보아스더라 (룻 2:1)

보아스는 흠정역에서 큰 부자(a mighty man of wealth)라고 묘사되었는데[한글 성경에서는 유력한 자로 되어 있음] 이것은 일반적으로 큰 용사(a mighty man of valour), 즉 용감한 전사(戰士)를 의미한다. 여기서 이 표현은 단순히 돈 많은 남자가 아니라 최고로 남자다운 성격의 소유자라는 의미를 담고 있는 것 같다.

말씀대로 이루어지는 역사

룻기 3-4장 | 사도행전 28장 | 예레미야 39장 | 시편 11-12편

룻기 3-4장 | 말씀대로 룻을 통해 다윗의 계보가 이루어짐

4:12 여호와께서 이 젊은 여자로 말미암아 네게 상속자를 주사 네 집이 다말이 유다에게 낳아준 베레스의 집과 같게 하시기를 원하노라 하니라

4:13 이에 보아스가 룻을 맞이하여 아내로 삼고 그에게 들어갔더니 여호와께서 그에게 임신하게 하시므로 그가 아들을 낳은지라

4:17 그의 이웃 여인들이 그에게 이름을 지어 주되 나오미에게 아들이 태어났다 하여 그의 이름을 오벳이라 하였는데 그는 다윗의 아버지인 이새의 아버지였더라

4:21 살몬은 보아스를 낳았고 보아스는 오벳을 낳았고

4:22 오벳은 이새를 낳고 이새는 다윗을 낳았더라

사도행전 28장 | 하나님의 말씀이 이방인에게 전해지는 역사

28:1 우리가 구조된 후에 안즉 그 섬은 멜리데라 하더라

28:11 석 달 후에 우리가 그 섬에서 겨울을 난 알렉산드리아 배를 타고 떠나니 그 배의 머리 장식은 디오스구로라

28:12 수라구사에 대고 사흘을 있다가

28:13 거기서 둘러가서 레기온에 이르러 하루를 지낸 후 남풍이 일어나므로 이튿날 보디올에 이르러

28:16 우리가 로마에 들어가니 바울에게는 자기를 지키는 한 군인과 함께 따로 있게 허락하더라

28:23 그들이 날짜를 정하고 그가 유숙하는 집에 많이 오니 바울이 아침부터 저녁까지 강론하여 하나님의 나라를 증언하고 모세의 율법과 선지자의 말을 가지고 예수에 대하여 권하더라

28:28 그런즉 하나님의 이 구원이 이방인에게로 보내어진 줄 알라 그들은 그것을 들으리라 하더라

28:31 하나님의 나라를 전파하며 주 예수 그리스도에 관한 모든 것을 담대하게 거침없이 가르치더라

오늘의 찬양 | 찬송가 384장 (나의 갈 길 다가도록)

나의 갈 길 다가도록 예수 인도하시니 내 주 안에 있는 긍휼 어찌 의심하리요
믿음으로 사는 자는 하늘 위로 받겠네 무슨 일을 만나든지 만사 형통 하리라
무슨 일을 만나든지 만사 형통 하리라

예레미야 39장 | 예레미야의 예언대로 이루어지는 하나님의 말씀

39:1 유다의 시드기야 왕의 제구년 열째 달에 바벨론의 느부갓네살 왕과 그의
모든 군대가 와서 예루살렘을 에워싸고 치더니

39:2 시드기야의 제십일년 넷째 달 아홉째 날에 성이 함락되니라 예루살렘이 함
락되매

39:6 바벨론의 왕이 리블라에서 시드기야의 눈 앞에서 그의 아들들을 죽였고 왕
이 또 유다의 모든 귀족을 죽였으며

39:7 왕이 또 시드기야의 눈을 빼게 하고 바벨론으로 옮기려고 사슬로 결박하였
더라

39:15 예레미야가 감옥 뜰에 갇혔을 때에 여호와의 말씀이 그에게 임하니라 이
르시되

39:16 너는 가서 구스인 에벳멜렉에게 말하기를 만군의 여호와 이스라엘의 하
나님의 말씀에 내가 이 성에 재난을 내리고 복을 내리지 아니하리라 한 나의 말
이 그 날에 네 눈 앞에 이루리라

시편 11-12편 | 말씀으로 정직한 자를 영원히 지키시는 여호와

11:4 여호와께서는 그의 성전에 계시고 여호와의 보좌는 하늘에 있음이여 그의 눈
이 인생을 통촉하시고 그의 안목이 그들을 감찰하시도다

11:7 여호와는 의로우사 의로운 일을 좋아하시나니 정직한 자는 그의 얼굴을 뵈오
리로다

12:5 여호와의 말씀에 가련한 자들의 눌림과 궁핍한 자들의 탄식으로 말미암아 내
가 이제 일어나 그를 그가 원하는 안전한 지대에 두리라 하시도다

12:6 여호와의 말씀은 순결함이여 흙 도가니에 일곱 번 단련한 은 같도다

12:7 여호와여 그들을 지키사 이 세대로부터 영원까지 보존하시리이다

말씀연결 중심내용

룻 3-4 보아스는 재산의 불이익에도 불구하고 룻을 위해 기업 무를 자의 책임을 다합니다. 룻이 임신하여 오벳을 낳았는데 그는 다윗 왕의 아버지인 이새의 아버지가 됩니다. 하나님은 일찍이 다윗 왕을 보내시기로 작정하고 **하나님의 말씀대로** 보아스와 룻을 통해 그 계보를 **이루어지게** 하셨습니다.

행 28 하나님은 이방인의 구원을 위해 사도 바울을 선택하시고 말씀으로 사명을 주셨습니다. 사도 바울은 멜리데, 수라구사, 레기온, 브디올을 지나 로마로 가기까지 이방인의 구원을 위해 보내신 사명을 끝까지 감당합니다. 하나님의 **말씀대로 이루어지는 복음전파의 역사**를 사도 바울을 통해 볼 수 있습니다.

렘 39 예레미야에게 **말씀하신 대로 이루어지는 역사**가 유다에게 임합니다. 바벨론은 예루살렘을 함락시키고 유다의 시드기야 왕의 아들들을 죽이고 시드기야의 눈을 빼고 사슬로 결박해서 포로로 데려갑니다.

시 11-12 하나님의 말씀은 신실하고 순결하여 헛되이 사라지거나 어그러지지 않고 **말씀하신 대로 이루어지는 역사**를 봅니다. 도가니에 일곱 번 단련한 흙처럼 순결한 여호와의 말씀으로 우리는 영원까지 지키심을 받습니다. 여호와는 의로운 일을 좋아하시니 정직한 자가 그의 얼굴을 보게 될 것입니다.

말씀암송

시 12:6 여호와의 말씀은 ☐☐이여 흙 ☐☐☐에 ☐☐ 번 단련한 ☐ 같도다

말씀묵상

불가능해 보이는 상황을 넘어서 하나님의 역사는 말씀대로 이루어집니다. 룻이라는 이방 여인을 통해 다윗의 가문이 이어지게 하시고, 수 없는 죽음의 위기 속에서도 바울을 통해 이방인 복음전파의 사명을 감당하게 하십니다. 바벨론 포로로 끌려가고 시드기야 왕의 눈이 뽑히는 상황 속에서도 예레미야는 보호를 받습니다. 믿는 자를 정금 같이 단련시키시는 하나님의 역사하심을 믿으며 오늘의 어려움을 이겨내기를 다짐합니다.

말씀적용 오늘의 감사

말씀적용

오늘의 감사

믿음으로 감사

소망으로 감사

사랑으로 감사

말씀기도

❶ 불가능해 보이는 인간의 생각을 뛰어넘어 예언하신 말씀대로 이루어가시는 하나님의 섭리에 영광과 찬양을 올려 드립니다.

❷ 어떤 상황 중에서도 말씀을 붙들고 두려움을 이기는 소망의 삶을 살게 하소서.

❸ 하나님 말씀의 신실하심을 믿고 순종하게 하셔서 말씀을 통한 구원의 은혜를 누리게 하소서.

말씀배경 지식

내가 너를 위하여 안식할 곳을 구하여(룻 3:1)

여기서 안식은 결혼과 같은 뜻이다. 나오미는, 룻이 밭에서 이삭이나 줍는 가난한 자로 남아 있지 말아야 한다고 생각하였다.

보아스가 그 성읍 장로 열 명을 청하여(룻 4:2)

후대의 유대의 관습을 따르면, 열 명을 회당을 위해 필요한 정족수로 생각하였다. 또한 유대인들 가운데는 결혼 축복을 위해서도 열 명이 필요하였다.

223 일차 / 365

8월 11일

어리석음

사무엘상 1장 | 로마서 1장 | 예레미야 40장 | 시편 13-14편

사무엘상 1장 | 엘가나와 엘리 선지자의 어리석음

1:1 에브라임 산지 라마다임소빔에 에브라임 사람 엘가나라 하는 사람이 있었으
니 그는 여로함의 아들이요 엘리후의 손자요 도후의 증손이요 숩의 현손이더라

1:2 그에게 두 아내가 있었으니 한 사람의 이름은 한나요 한 사람의 이름은 브닌
나라 브닌나에게는 자식이 있고 한나에게는 자식이 없었더라

1:6 여호와께서 그에게 임신하지 못하게 하시므로 그의 적수인 브닌나가 그를 심
히 격분하게 하여 괴롭게 하더라

1:12 그가 여호와 앞에 오래 기도하는 동안에 엘리가 그의 입을 주목한즉

1:13 한나가 속으로 말하매 입술만 움직이고 음성은 들리지 아니하므로 엘리는
그가 취한 줄로 생각한지라

1:14 엘리가 그에게 이르되 네가 언제까지 취하여 있겠느냐 포도주를 끊으라 하
니

1:15 한나가 대답하여 이르되 내 주여 그렇지 아니하니이다 나는 마음이 슬픈 여
자라 포도주나 독주를 마신 것이 아니요 여호와 앞에 내 심정을 통한 것뿐이오니

로마서 1장 | 우상 숭배에 빠지는 어리석음

1:17 복음에는 하나님의 의가 나타나서 믿음으로 믿음에 이르게 하나니 기록된
바 오직 의인은 믿음으로 말미암아 살리라 함과 같으니라

1:18 하나님의 진노가 불의로 진리를 막는 사람들의 모든 경건하지 않음과 불의
에 대하여 하늘로부터 나타나나니

1:21 하나님을 알되 하나님을 영화롭게도 아니하며 감사하지도 아니하고 오히
려 그 생각이 허망하여지며 미련한 마음이 어두워졌나니

1:22 스스로 지혜 있다 하나 어리석게 되어

1:23 썩어지지 아니하는 하나님의 영광을 썩어질 사람과 새와 짐승과 기어다니
는 동물 모양의 우상으로 바꾸었느니라

오늘의 찬양 | 찬송가 250장 (구주의 십자가 보혈로)

구주의 십자가 보혈로 죄 씻음 받기를 원하네 내 죄를 씻으신 주 이름 찬송합시다
찬송합시다 찬송합시다 내 죄를 씻으신 주 이름 찬송합시다

예레미야 40장 | 이방인으로부터 여호와의 말씀을 듣는 어리석음

40:2 사령관이 예레미야를 불러다가 이르되 네 하나님 여호와께서 이 곳에 이 재난을 선포하시더니

40:3 여호와께서 그가 말씀하신 대로 행하셨으니 이는 너희가 여호와께 범죄하고 그의 목소리에 순종하지 아니하였으므로 이제 이루어졌도다 이 일이 너희에게 임한 것이니라

40:9 사반의 손자 아히감의 아들 그다랴가 그들과 그들의 사람들에게 맹세하며 이르되 너희는 갈대아 사람을 섬기기를 두려워하지 말고 이 땅에 살면서 바벨론의 왕을 섬기라 그리하면 너희에게 유익하리라

시편 13-14편 | 하나님이 없다 하는 어리석은 자의 말

13:5 나는 오직 주의 사랑을 의지하였사오니 나의 마음은 주의 구원을 기뻐하리이다

13:6 내가 여호와를 찬송하리니 이는 주께서 내게 은덕을 베푸심이로다

14:1 어리석은 자는 그의 마음에 이르기를 하나님이 없다 하는도다 그들은 부패하고 그 행실이 가증하니 선을 행하는 자가 없도다

14:6 너희가 가난한 자의 계획을 부끄럽게 하나 오직 여호와는 그의 피난처가 되시도다

14:7 이스라엘의 구원이 시온에서 나오기를 원하도다 여호와께서 그의 백성을 포로된 곳에서 돌이키실 때에 야곱이 즐거워하고 이스라엘이 기뻐하리로다

말씀연결 중심내용

삼상 1 엘가나는 매년 여호와께 제사를 드리며 신실하게 살아가는 사람이었지만 아내가 둘이 있는 **어리석음**으로 그들 사이에 다툼이 일어났고, 엘리는 제사장이었으나 한나의 기도를 포도주에 취한 것으로 생각하는 **어리석음**이 있었습니다. 영적인 우둔함을 벗어나 하나님 앞에서 신실한 자로 늘 깨어있는 영성으로 살아가야 합니다.

롬 1 스스로 지혜 있다 생각하는 **어리석은** 자들은 하나님의 영광을 썩어질 우상과 바꾸는 **어리석음**을 행합니다. 하나님은 그들을 내버려 두어 불의를 행하고 악을 도모하게 되어 결국 멸망의 길로 가게 됩니다. 사도 바울은 예수 그리스도의 복음으로 말미암아 우상숭배의 **어리석음**에서 벗어나 의인의 길로 가도록 권면합니다.

렘 40 바벨론의 사령관 느부사라단이 예레미야에게 말하길 너희가 여호와께 범죄하고 순종하지 아니하였다고 합니다. 이방인으로부터 여호와의 말씀을 듣는 것은 참으로 부끄럽고 **어리석은** 일입니다. 하나님은 순종하면 살게 될 것을 거듭 말씀하시나 백성들은 끝까지 불순종하는 **어리석음**을 행하여 결국 비참한 결과를 얻게 되는 것입니다.

시 13-14 여호와는 살아계셔서 환난 중에 부르짖는 자에게 은혜를 베푸십니다. 그러나 **어리석은** 자는 하나님이 없다 하나니 부패하고 가증한 자들입니다. 오직 여호와 하나님만이 구원이시고 피난처가 되시니 그의 백성을 포로된 곳에서 돌이키실 것입니다.

말씀묵상

하나님께 제사를 신실하게 드려도 어리석은 행동을 할 수 있고, 제사장으로 일하면서도 영적인 어리석음에 빠질 수 있습니다. 하나님의 말씀을 경외하지 않으면 불순종의 길을 걷게 되나 여호와는 살아계셔서 그의 백성을 구원해 주십니다. 맥체인 큐티를 통해 매일 말씀을 묵상하고 하나님의 인도하심을 받는 삶을 통해 어리석음에 빠지지 않기를 다짐합니다.

말씀적용 오늘의 감사

말씀적용

오늘의 감사

믿음으로 감사

소망으로 감사

사랑으로 감사

말씀암송

롬 1:17 □□에는 하나님의 □가 나타나서 믿음으로 □□에 이르게 하나니 기록된 바 오직 □□은 □□으로 말미암아 □□□ 함과 같으니라

말씀기도

❶ 살아 계셔서 모든 삶을 감찰하시는 하나님을 늘 인식하여 경건하게 살게 하소서.

❷ 말씀에 절대적으로 순종하여 어리석은 길로 가지 않고 축복의 길로 가게 하소서.

❸ 문제 앞에서 절망하여 불평하지 않게 하시고 오직 하나님 앞에 간절히 기도함으로 해결함을 얻는 지혜를 갖게 하소서.

말씀배경 지식

서원하여 이르되 (삼상 1:11)

한나의 서원은 두 가지였다. '내가 그의 평생에 그를 여호와께 드리고'와 '삭도를 그의 머리에 대지 아니하겠나이다'.
이런 일은 히브리인들 중에서 반드시 영구적인 것이 아니었다. 레위인은 일평생 섬기지 않고 50세까지 섬겼다. 나실인의 서원도 특정한 기간 동안만 이행되면 족했다(민 6:2). 그런데 삼손, 사무엘, 세례 요한 등은 모태로부터 영구적인 나실인으로 바쳐진 인물들이었다.

224 일차/365

8월 12일

흔들리지 않는 삶

사무엘상 2장 | 로마서 2장 | 예레미야 41장 | 시편 15-16편

사무엘상 2장 | 흔들리지 않는 기도의 여인 한나

2:1 한나가 기도하여 이르되 내 마음이 여호와로 말미암아 즐거워하며 내 뿔이 여호와로 말미암아 높아졌으며 내 입이 내 원수들을 향하여 크게 열렸으니 이는 내가 주의 구원으로 말미암아 기뻐함이니이다

2:12 엘리의 아들들은 행실이 나빠 여호와를 알지 못하더라

2:17 이 소년들의 죄가 여호와 앞에 심히 큼은 그들이 여호와의 제사를 멸시함이었더라

2:21 여호와께서 한나를 돌보시사 그로 하여금 임신하여 세 아들과 두 딸을 낳게 하셨고 아이 사무엘은 여호와 앞에서 자라니라

2:26 아이 사무엘이 점점 자라매 여호와와 사람들에게 은총을 더욱 받더라

2:30 그러므로 이스라엘의 하나님 나 여호와가 말하노라 내가 전에 네 집과 네 조상의 집이 내 앞에 영원히 행하리라 하였으나 이제 나 여호와가 말하노니 결단코 그렇게 하지 아니하리라 나를 존중히 여기는 자를 내가 존중히 여기고 나를 멸시하는 자를 내가 경멸하리라

로마서 2장 | 선을 행하는 자의 흔들리지 않는 삶

2:6 하나님께서 각 사람에게 그 행한 대로 보응하시되

2:7 참고 선을 행하여 영광과 존귀와 썩지 아니함을 구하는 자에게는 영생으로 하시고

2:9 악을 행하는 각 사람의 영에는 환난과 곤고가 있으리니 먼저는 유대인에게요 그리고 헬라인에게며

2:10 선을 행하는 각 사람에게는 영광과 존귀와 평강이 있으리니 먼저는 유대인에게요 그리고 헬라인에게라

2:13 하나님 앞에서는 율법을 듣는 자가 의인이 아니요 오직 율법을 행하는 자라야 의롭다 하심을 얻으리니

오늘의 찬양 | 찬송가 204장 (주의 말씀 듣고서)

주의 말씀 듣고서 준행하는 자는 반석 위에 터 닦고 집을 지음 같아
비가 오고 물 나며 바람 부딪쳐도 반석 위에 세운 집 무너지지 않네
잘 짓고 잘 짓세 우리 집 잘 짓세 만세 반석 위에 다 우리 집 잘 짓세

예레미야 41장 | 말씀을 의지하지 않고 흔들리는 요하난

41:2 느다냐의 아들 이스마엘과 그와 함께 있던 열 사람이 일어나서 바벨론의 왕의 그 땅을 위임했던 사반의 손자 아히감의 아들 그다랴를 칼로 쳐죽였고

41:3 이스마엘이 또 미스바에서 그다랴와 함께 있던 모든 유다 사람과 거기에 있는 갈대아 군사를 죽였더라

41:11 가레아의 아들 요하난과 그와 함께 있는 모든 군 지휘관이 느다냐의 아들 이스마엘이 행한 모든 악을 듣고

41:14 이에 미스바에서 이스마엘이 사로잡은 그 모든 백성이 돌이켜 가레아의 아들 요하난에게로 돌아가니

41:16 가레아의 아들 요하난과 그와 함께 있던 모든 군 지휘관이 느다냐의 아들 이스마엘이 아히감의 아들 그다랴를 죽이고 미스바에서 잡아간 모든 남은 백성 곧 군사와 여자와 유아와 내시를 기브온에서 빼앗아 가지고 돌아와서

41:17 애굽으로 가려고 떠나 베들레헴 근처에 있는 게롯김함에 머물렀으니

41:18 이는 느다냐의 아들 이스마엘이 바벨론의 왕이 그 땅을 위임한 아히감의 아들 그다랴를 죽였으므로 그들이 갈대아 사람을 두려워함이었더라

시편 15-16편 | 여호와를 모신 자의 흔들리지 않는 삶

15:1 여호와여 주의 장막에 머무를 자 누구오며 주의 성산에 사는 자 누구오니이까

15:2 정직하게 행하며 공의를 실천하며 그의 마음에 진실을 말하며

15:4 그의 눈은 망령된 자를 멸시하며 여호와를 두려워하는 자들을 존대하며 그의 마음에 서원한 것은 해로울지라도 변하지 아니하며

15:5 이자를 받으려고 돈을 꾸어 주지 아니하며 뇌물을 받고 무죄한 자를 해하지 아니하는 자이니 이런 일을 행하는 자는 영원히 흔들리지 아니하리이다

16:7 나를 훈계하신 여호와를 송축할지라 밤마다 내 양심이 나를 교훈하도다

16:8 내가 여호와를 항상 내 앞에 모심이여 그가 나의 오른쪽에 계시므로 내가 흔들리지 아니하리로다

16:11 주께서 생명의 길을 내게 보이시리니 주의 앞에는 충만한 기쁨이 있고 주의 오른쪽에는 영원한 즐거움이 있나이다

말씀연결 중심내용

삼상 2 한나는 자녀가 없는 슬픔 가운데서도 믿음이 **흔들리지 않는 기도의 삶**으로 사무엘을 얻었습니다. 반면 엘리 제사장의 두 아들은 행실이 나쁘고 여호와를 알지 못했습니다. 하나님의 은혜를 구하며 신실하게 주님과 동행하는 사람은 **흔들리지 않는** 축복을 받으나 하나님 앞에 불의한 자들은 두려움과 심판에 거하게 됩니다.

롬 2 하나님은 각 사람의 행한대로 보응을 주십니다. 악을 행하는 자는 환난과 곤고가 있어 진노 가운데 살아가지만, 선을 행하는 사람에게는 영광과 존귀와 평강이 있어 **흔들리지 않는 삶**을 살게 됩니다. 하나님은 외모로 사람을 취하지 아니하시고 오직 율법을 행하는 자가 의롭다 하심을 얻습니다.

렘 41 이스마엘이 바벨론 왕의 위임을 받은 총독 그다랴를 죽이고 백성들을 붙잡아 가자 요하난이 뒤쫓아가서 백성들은 구해냅니다. 하지만 요하난은 끝까지 믿음으로 나아가지는 못하고 바벨론을 두려워하여 애굽으로 내려갑니다. 하나님은 예레미야를 통해 바벨론 왕을 겁내지 말라 했으나 요하난과 백성들은 말씀을 의지하지 못하고 흔들리는 삶의 길로 갔습니다. 하나님을 신뢰하는 자만이 **흔들리지 않는 삶**을 살 수 있습니다.

시 15-16 다윗은 하나님의 말씀을 따르는 의인의 삶을 보여줍니다. 정직하고 공의를 실천하며 진실하고 여호와를 두려워하는 자들은 주의 장막에 머무를 자격이 있습니다. 서원을 변치 않고 이자나 뇌물을 받지 아니하며 여호와를 항상 마음에 모신 자는 영원히 **흔들리지 않는 삶**을 살아갈 수 있습니다.

말씀암송

시 16:8 내가 [ ][ ][ ]를 항상 내 [ ]에 모심이여 그가 나의 [ ][ ]쪽에 계시므로 내가 [ ][ ][ ][ ] 아니하리로다

말씀묵상

슬픔 가운데서도 믿음이 흔들리지 않는 한나와 말씀을 의지하지 못하는 요하난, 영광과 존귀로 흔들림 없이 살아가는 바울, 여호와를 모시면 영원히 흔들리지 않는 삶을 살 수 있음을 강조하는 다윗. 성경 속 인물들의 삶을 보면서 말씀에 대한 믿음으로 흔들리지 않고 살아가기를 소망합니다.

말씀적용 오늘의 감사

말씀적용

오늘의 감사

믿음으로 감사

소망으로 감사

사랑으로 감사

말씀기도

❶ 살아계셔서 우리의 모든 삶을 감찰하시는 하나님을 인식하게 하소서.
❷ 말씀에 절대적으로 순종하여 심판을 피하고 축복을 누리는 지혜로운 사람이 되게 하소서.
❸ 문제 앞에서 절망하지 않고 오히려 문제를 들고 하나님 앞에 나아가 흔들림 없는 삶을 살게 하소서.

말씀배경 지식

로마서

로마서는 어떤 종류의 글인가? 그것은 로마에 있는 믿는 사람들의 집단(혹은 여러 집단)에 보내는 편지이다. 로마서는 로마에 있는 사람들에게 필요하다고 바울이 느꼈던 복음의 중요한 진리들에 관하여 언급하는 교훈의 편지이다. 이 서신이 그토록 광범위한 영향을 미쳤던 한 가지 이유는, 학자와 평신도가 똑같이 그들의 영원한 운명을 실현할 진리를 이해할 수 있도록, 하나님께서 이러한 뛰어난 생각을 편지로 제시하도록 그의 종을 인도하셨던 것이다.

225 일차 365

8월 13일

깨어 있으라

사무엘상 3장 | 로마서 3장 | 예레미야 42장 | 시편 17편

사무엘상 3장 | 여호와가 함께하사 영적으로 깨어 있는 사무엘

3:1 아이 사무엘이 엘리 앞에서 여호와를 섬길 때에는 여호와의 말씀이 희귀하
여 이상이 흔히 보이지 않았더라

3:2 엘리의 눈이 점점 어두워 가서 잘 보지 못하는 그 때에 그가 자기 처소에 누
웠고

3:10 여호와께서 임하여 서서 전과 같이 사무엘아 사무엘아 부르시는지라 사무
엘이 이르되 말씀하옵소서 주의 종이 듣겠나이다 하니

3:11 여호와께서 사무엘에게 이르시되 보라 내가 이스라엘 중에 한 일을 행하리
니 그것을 듣는 자마다 두 귀가 울리리라

3:19 사무엘이 자라매 여호와께서 그와 함께 계셔서 그의 말이 하나도 땅에 떨어
지지 않게 하시니

3:20 단에서부터 브엘세바까지의 온 이스라엘이 사무엘은 여호와의 선지자로
세우심을 입은 줄을 알았더라

3:21 여호와께서 실로에서 다시 나타나시되 여호와께서 실로에서 여호와의 말
씀으로 사무엘에게 자기를 나타내시니라

로마서 3장 | 은혜로 의롭다 하심을 얻도록 깨어 있으라

3:10 기록된 바 의인은 없나니 하나도 없으며

3:11 깨닫는 자도 없고 하나님을 찾는 자도 없고

3:12 다 치우쳐 함께 무익하게 되고 선을 행하는 자는 없나니 하나도 없도다

3:20 그러므로 율법의 행위로 그의 앞에 의롭다 하심을 얻을 육체가 없나니 율
법으로는 죄를 깨달음이니라

3:23 모든 사람이 죄를 범하였으매 하나님의 영광에 이르지 못하더니

3:24 그리스도 예수 안에 있는 속량으로 말미암아 하나님의 은혜로 값 없이 의
롭다 하심을 얻은 자 되었느니라

오늘의 찬양 | 찬송가 285장 (주의 말씀 받은 그 날)

주의 말씀 받은 그 날 참 기쁘고 복되도다 이 기쁜 맘 못 이겨서 온 세상에 전하노라
기쁜 날 기쁜 날 주 나의 죄 다 씻은 날 늘 깨어서 기도하고 늘 기쁘게 살아가리
기쁜 날 기쁜날 주 나의 죄 다 씻은 날

예레미야 42장 | 유다의 거짓을 꿰뚫어 보는 예레미야의 깨어 있음

42:1 이에 모든 군대의 지휘관과 가레아의 아들 요하난과 호사야의 아들 여사냐
와 백성의 낮은 자로부터 높은 자까지 다 나아와

42:6 우리가 당신을 우리 하나님 여호와께 보냄은 그의 목소리가 우리에게 좋든
지 좋지 않든지를 막론하고 순종하려 함이라 우리가 우리 하나님 여호와의 목소
리를 순종하면 우리에게 복이 있으리이다 하니라

42:11 여호와의 말씀이니라 너희는 너희가 두려워하는 바벨론의 왕을 겁내지
말라 내가 너희와 함께 있어 너희를 구원하며 그의 손에서 너희를 건지리니 두려
워하지 말라

42:17 무릇 애굽으로 들어가서 거기에 머물러 살기로 고집하는 모든 사람은 이
와 같이 되리니 곧 칼과 기근과 전염병에 죽을 것인즉 내가 그들에게 내리는 재
난을 벗어나서 남을 자 없으리라

42:21 너희 하나님 여호와께서 나를 보내사 너희에게 명하신 말씀을 내가 오늘
너희에게 전하였어도 너희가 너희 하나님 여호와의 목소리를 도무지 순종하지
아니하였은즉

42:22 너희가 가서 머물려고 하는 곳에서 칼과 기근과 전염병에 죽을 줄 분명히
알지니라

시편 17편 | 실족하지 않고 깨어 있어서 주의 형상으로 만족하는 다윗

17:1 여호와여 의의 호소를 들으소서 나의 울부짖음에 주의하소서 거짓 되지 아니
한 입술에서 나오는 나의 기도에 귀를 기울이소서

17:3 주께서 내 마음을 시험하시고 밤에 내게 오시어서 나를 감찰하셨으나 흠을 찾
지 못하셨사오니 내가 결심하고 입으로 범죄하지 아니하리이다

17:5 나의 걸음이 주의 길을 굳게 지키고 실족하지 아니하였나이다

17:13 여호와여 일어나 그를 대항하여 넘어뜨리시고 주의 칼로 악인에게서 나의
영혼을 구원하소서

17:15 나는 의로운 중에 주의 얼굴을 뵈오리니 깰 때에 주의 형상으로 만족하리이
다

말씀연결 중심내용

삼상 3 엘리 제사장 때에 여호와의 말씀이 희귀하고 엘리는 이상을 보지 못합니다. 사무엘은 당시에 아직 어려서 여호와를 알지 못했으나 사무엘은 하나님이 함께 하셔서 그의 말이 땅에 떨어지지 아니하고 **깨어 있는** 선지자로 자라납니다.

롬 3 율법으로는 죄를 깨닫게 할 뿐 의롭다 하심을 얻게 하지는 못합니다. 율법을 아는 것보다 하나님의 은혜로만이 의롭다 칭함을 받을 수 있습니다. 의인은 없나니 하나도 없다는 것을 알고 늘 하나님을 찾는 영적인 **깨어 있음**이 있는 자는 믿음으로 의롭게 됩니다.

렘 42 유다 백성들은 예레미야에게 자신들을 위해 하나님께 기도해달라고 요청하며 자신들에게 좋든지 좋지 않든지 순종하겠다고 합니다. 하지만 예레미야는 영적으로 **깨어 있어서** 그들의 거짓을 파악합니다. 여호와의 목소리를 도무지 순종하지 아니하고 너희 마음을 속이는 유다 백성들에게 칼과 기근과 전염병이 있을 것이라고 말합니다.

시 17 다윗은 악인들의 압제와 목숨을 노리는 원수들의 손에서 벗어나기를 위해 하나님의 도우심을 간구합니다. 다윗은 여호와께서 자기를 감찰하실 때에 **깨어 있어서** 입으로 범죄하지 아니하며 그 걸음이 실족하지 아니했습니다. **깨어 있는** 자는 주의 얼굴을 보고 주의 형상으로 영혼의 만족함을 얻습니다.

말씀암송

롬 3:24 그리스도 ☐☐ 안에 있는 ☐☐으로 말미암아 하나님의 ☐☐로 값 없이 ☐☐☐ 하심을 ☐☐ 자 되었느니라

말씀묵상

제사장도 영적으로 어두울 수 있고 율법으로는 의롭다 함을 받을 수 없습니다. 예레미야는 영적으로 깨어 있어서 유다 백성들의 거짓을 알아차렸고, 다윗은 실족함 없이 주의 얼굴을 보았습니다. 육신의 만족과 이생의 자랑을 찾는 헛된 인생이 되지 않도록 말씀 앞에서 늘 깨어 있기를 다짐합니다.

말씀적용 오늘의 감사

말씀적용

오늘의 감사

믿음으로 감사

소망으로 감사

사랑으로 감사

말씀기도

❶ 말씀을 통해 주의 뜻을 알고 깨어 있는 믿음으로 순종하게 하소서.
❷ 육체의 행위가 아니라 그리스도의 속량의 은혜만이 구원에 이르게 함을 알게 하소서.
❸ 주의 길을 걸어가는 걸음에 환난이 있다 할지라도 인내하며 포기하지 않게 하소서.

말씀배경 지식

그리스도 예수 안에 있는 속량으로 말미암아 (롬 3:24)

사람들은 하나님께서 행동하셨기 때문에 무죄로 될(의롭다 하심을 얻을) 수 있었다. 원래 속량이라는 말은 노예나 포로를 되사는 것, 즉 몸값을 치르고 그를 자유롭게 해주는 것을 의미했다. 구속은 그리스도로 말미암아 이루어진 죄와 그것의 결과로부터의 해방을 가리킨다. 이러한 속량이나 해방은 그리스도 예수 안에 있다. 그리스도 안에 있는 것은 그에게 속하는 것이며, 그가 행하셨고, 그의 속량 사업으로 말미암아 생기게 했던 모든 것의 일부가 되는 것이다.

거짓된 믿음 진실한 믿음

사무엘상 4장 | 로마서 4장 | 예레미야 43장 | 시편 18편

사무엘상 4장 | 믿음 없이 언약궤만 들고 나가는 이스라엘

4:3 백성이 진영으로 돌아오매 이스라엘 장로들이 이르되 여호와께서 어찌하여 우리에게 오늘 블레셋 사람들 앞에 패하게 하셨는고 여호와의 언약궤를 실로에서 우리에게로 가져다가 우리 중에 있게 하여 그것으로 우리를 우리 원수들의 손에서 구원하게 하자 하니

4:4 이에 백성이 실로에 사람을 보내어 그룹 사이에 계신 만군의 여호와의 언약궤를 거기서 가져왔고 엘리의 두 아들 홉니와 비느하스는 하나님의 언약궤와 함께 거기에 있었더라

4:10 블레셋 사람들이 쳤더니 이스라엘이 패하여 각기 장막으로 도망하였고 살륙이 심히 커서 이스라엘 보병의 엎드러진 자가 삼만 명이었으며

4:11 하나님의 궤는 빼앗겼고 엘리의 두 아들 홉니와 비느하스는 죽임을 당하였더라

4:17 소식을 전하는 자가 대답하여 이르되 이스라엘이 블레셋 사람들 앞에서 도망하였고 백성 중에는 큰 살륙이 있었고 당신의 두 아들 홉니와 비느하스도 죽임을 당하였고 하나님의 궤는 빼앗겼나이다

4:18 하나님의 궤를 말할 때에 엘리가 자기 의자에서 뒤로 넘어져 문 곁에서 목이 부러져 죽었으니 나이가 많고 비대한 까닭이라 그가 이스라엘의 사사가 된 지 사십 년이었더라

로마서 4장 | 상황과 관계없이 약속을 믿는 아브라함의 진실한 믿음

4:1 그런즉 육신으로 우리 조상인 아브라함이 무엇을 얻었다 하리요

4:2 만일 아브라함이 행위로써 의롭다 하심을 받았으면 자랑할 것이 있으려니와 하나님 앞에서는 없느니라

4:18 아브라함이 바랄 수 없는 중에 바라고 믿었으니 이는 네 후손이 이같으리라 하신 말씀대로 많은 민족의 조상이 되게 하려 하심이라

4:19 그가 백 세나 되어 자기 몸이 죽은 것 같고 사라의 태가 죽은 것 같음을 알고도 믿음이 약하여지지 아니하고

4:21 약속하신 그것을 또한 능히 이루실 줄을 확신하였으니

4:22 그러므로 그것이 그에게 의로 여겨졌느니라

오늘의 찬양 | 나의 힘이 되신 여호와여

나의 힘이 되신 여호와여 내가 주님을 사랑합니다 주는 나의 반석이시며 나의 요새시라 주는 나를 건지시는 나의 주 나의 하나님 나의 피할 바위시요 나의 방패시라 나의 하나님 나의 하나님 구원의 뿔이시요 나의 산성이라 나의 하나님 나의 하나님 그는 나의 여호와 나의 구세주

예레미야 43장 | 불순종의 거짓된 믿음으로 애굽으로 내려가는 유다 백성들

43:1 예레미야가 모든 백성에게 그들의 하나님 여호와의 말씀 곧 그들의 하나님 여호와께서 자기를 보내사 그들에게 이르신 이 모든 말씀을 말하기를 마치니

43:4 이에 가레아의 아들 요하난과 모든 군 지휘관과 모든 백성이 유다 땅에 살라 하시는 여호와의 목소리를 순종하지 아니하고

43:7 애굽 땅에 들어가 다바네스에 이르렀으니 그들이 여호와의 목소리를 순종하지 아니함이러라

43:8 다바네스에서 여호와의 말씀이 예레미야에게 임하여 이르시되

43:10 그리고 너는 그들에게 말하기를 만군의 여호와 이스라엘의 하나님께서 이와 같이 말씀하시되 보라 내가 내 종 바벨론의 느부갓네살 왕을 불러오리니 그가 그의 왕좌를 내가 감추게 한 이 돌들 위에 놓고 또 그 화려한 큰 장막을 그 위에 치리라

시편 18편 | 환난 중에도 여호와만 의지하는 진실한 믿음

18:1 나의 힘이신 여호와여 내가 주를 사랑하나이다

18:2 여호와는 나의 반석이시요 나의 요새시요 나를 건지시는 이시요 나의 하나님이시요 내가 그 안에 피할 나의 바위시요 나의 방패시요 나의 구원의 뿔이시요 나의 산성이시로다

18:3 내가 찬송 받으실 여호와께 아뢰리니 내 원수들에게서 구원을 얻으리로다

18:6 내가 환난 중에서 여호와께 아뢰며 나의 하나님께 부르짖었더니 그가 그의 성전에서 내 소리를 들으심이여 그의 앞에서 나의 부르짖음이 그의 귀에 들렸도다

18:30 하나님의 도는 완전하고 여호와의 말씀은 순수하니 그는 자기에게 피하는 모든 자의 방패시로다

말씀연결 중심내용

삼상 4 이스라엘이 블레셋과 나가서 싸울 때 엘리 제사장의 타락한 두 아들 홉니와 비느하스는 여호와의 언약궤를 가지고 나갑니다. 그러나 여호와를 전적으로 의뢰함 없이 그저 형식적으로 언약궤만 있다고 해서 전쟁을 이기지는 못합니다. 형식적이고 **거짓된 믿음**으로 나아간 이스라엘은 전쟁에서 지고 언약궤도 빼앗겼으며 홉니와 비느하스는 죽임을 당합니다.

롬 4 아브라함은 바랄 수 없는 중에도 바라고 믿음을 가져 장차 많은 민족의 조상이 되었습니다. 오직 언약의 말씀을 신뢰하는 **진실한 믿음**으로 아브라함은 의롭다 하심을 받았습니다. 자기 몸이 죽은 것 같을 때도, 사라의 태가 죽은 것 같았을 때도 여전히 믿음이 약해지지 않고 약속하신 이가 이루실 것을 확신했던 것입니다.

렘 43 하나님은 예레미야를 통해 유다 땅에 살도록 명하셨습니다. 그러나 요하난과 모든 군지휘관과 백성들은 자기 생각이 믿음의 중심이 되어 그 말씀을 거짓이라고 몰아붙입니다. 어떤 말씀이든지 따르겠다고 했으나 그것은 형식적인 **거짓된 믿음**의 고백일 뿐, 자신들의 생각과 다른 말씀에는 순종하지 않고 애굽으로 들어갑니다. 하나님은 불순종한 그들에게 심판을 선포하십니다.

시 18 나의 힘이신 여호와를 사랑할 때 여호와는 나의 반석과 요새요 구원의 뿔이 되어 주십니다. 다윗은 환난 중에도 진실한 믿음으로 여호와를 의지하였고, 하나님은 그의 대적들을 깨뜨리셨습니다. 하나님의 도는 완전하고 반석이 되사 **진실한 믿음**으로 여호와께 피하는 자들의 방패가 되어 주십니다.

말씀묵상

여호와를 온전히 신뢰하지 않고 전쟁에서 패하여 죽은 홉니와 비느하스, 예레미야의 말을 거부하고 애굽으로 내려간 유다 백성들의 행동은 외식하는 거짓된 믿음의 모습입니다. 바랄 수 없는 중에도 오로지 믿은 아브라함, 환난 중에도 진실한 믿음으로 여호와께 피한 다윗처럼, 하나님을 온전히 믿고 그 은혜 안에 거하는 진실한 신앙인이 되기를 다짐합니다.

말씀적용 오늘의 감사

말씀적용

오늘의 감사

믿음으로 감사

소망으로 감사

사랑으로 감사

말씀암송

롬 4:18 아브라함이 □□ 수 없는 중에 바라고 □□ □□ 이는 네 □□이 이같으리라 하신 말씀대로 □ □ 민족의 □□이 되게 하려 하심이라

말씀기도

❶ 흉내만 내는 형식적인 믿음을 깨뜨리고 진실함으로 하나님을 구하는 믿음을 갖게 하소서.
❷ 내 생각이 앞서지 않고 철저히 하나님의 말씀에 근거하는 진실한 믿음을 갖고 하나님의 도우심의 은혜를 받게 하소서.
❸ 바랄 수 없는 중에 바라고 믿을 수 없는 중에 믿은 아브라함의 신앙을 닮아가게 하소서.

말씀배경 지식

아브라함이 하나님을 믿으매 그것이 그에게 의로 여겨진 바 되었느니라 (롬 4:3)

바울의 믿음의 대상은 그리스도였다. 그리스도를 믿는 믿음을 의에 이르는 길로서 분명하게 제시하는 것은 새로운 언약이 영원한 언약이 되게 한다. 그러나 구약 시대의 사람들은 예수 그리스도의 새 언약을 받을 수 없으므로, 오로지 믿음으로 말미암아 의롭다 하심을 얻는 권리를 구체적으로 나타냈다. 누가 아브라함보다 더 좋은 본보기가 될 수 있겠는가? 그는 유대 민족의 조상이었다(롬 4:16). 따라서 바울은 아브라함의 생애를 4장 전체에서 주의 깊게 살펴본다.

227 일차 365

8월 15일

여호와를 경외하라

사무엘상 5-6장 | 로마서 5장 | 예레미야 44장 | 시편 19편

사무엘상 5-6장 | 여호와를 경외하지 않는 블레셋에 내린 재앙

5:2 블레셋 사람들이 하나님의 궤를 가지고 다곤의 신전에 들어가서 다곤 곁에 두었더니

5:3 아스돗 사람들이 이튿날 일찍이 일어나 본즉 다곤이 여호와의 궤 앞에서 엎드러져 그 얼굴이 땅에 닿았는지라 그들이 다곤을 일으켜 다시 그 자리에 세웠더니

5:4 그 이튿날 아침에 그들이 일찍이 일어나 본즉 다곤이 여호와의 궤 앞에서 또 다시 엎드러져 얼굴이 땅에 닿았고 그 머리와 두 손목은 끊어져 문지방에 있고 다곤의 몸뚱이만 남았더라

5:6 여호와의 손이 아스돗 사람에게 엄중히 더하사 독한 종기의 재앙으로 아스돗과 그 지역을 쳐서 망하게 하니

6:19 벧세메스 사람들이 여호와의 궤를 들여다 본 까닭에 그들을 치사 (오만) 칠십 명을 죽이신지라 여호와께서 백성을 쳐서 크게 살륙하셨으므로 백성이 슬피 울었더라

6:20 벧세메스 사람들이 이르되 이 거룩하신 하나님 여호와 앞에 누가 능히 서리요 그를 우리에게서 누구에게로 올라가시게 할까 하고

로마서 5장 | 여호와를 경외함으로 누리는 화평

5:1 그러므로 우리가 믿음으로 의롭다 하심을 받았으니 우리 주 예수 그리스도로 말미암아 하나님과 화평을 누리자

5:2 또한 그로 말미암아 우리가 믿음으로 서 있는 이 은혜에 들어감을 얻었으며 하나님의 영광을 바라고 즐거워하느니라

5:3 다만 이뿐 아니라 우리가 환난 중에도 즐거워하나니 이는 환난은 인내를,

5:4 인내는 연단을, 연단은 소망을 이루는 줄 앎이로다

5:8 우리가 아직 죄인 되었을 때에 그리스도께서 우리를 위하여 죽으심으로 하나님께서 우리에 대한 자기의 사랑을 확증하셨느니라

5:17 한 사람의 범죄로 말미암아 사망이 그 한 사람을 통하여 왕 노릇 하였은즉 더욱 은혜와 의의 선물을 넘치게 받는 자들은 한 분 예수 그리스도를 통하여 생명 안에서 왕 노릇 하리로다

오늘의 찬양 | 찬송가 15장 (하나님의 크신 사랑)

하나님의 크신 사랑 하늘에서 내리사 우리 맘에 항상 계셔 온전하게 하소서
우리 주는 자비하사 사랑 무한하시니 두려워서 떠는 자를 구원하여 주소서

예레미야 44장 | 여호와를 경외하지 않는 예루살렘과 유다의 재난

44:2 만군의 여호와 이스라엘의 하나님께서 이와 같이 말씀하시니라 너희가 예루살렘과 유다 모든 성읍에 내린 나의 모든 재난을 보았느니라 보라 오늘 그것들이 황무지가 되었고 사는 사람이 없나니

44:3 이는 그들이 자기나 너희나 너희 조상들이 알지 못하는 다른 신들에게 나아가 분향하여 섬겨서 나의 노여움을 일으킨 악행으로 말미암음이라

44:4 내가 나의 모든 종 선지자들을 너희에게 보내되 끊임없이 보내어 이르기를 너희는 내가 미워하는 이 가증한 일을 행하지 말라 하였으나

44:5 그들이 듣지 아니하며 귀를 기울이지 아니하고 다른 신들에게 여전히 분향하여 그들의 악에서 돌이키지 아니하였으므로

44:13 내가 예루살렘을 벌한 것 같이 애굽 땅에 사는 자들을 칼과 기근과 전염병으로 벌하리니

44:23 너희가 분향하여 여호와께 범죄하였으며 여호와의 목소리를 순종하지 아니하고 여호와의 율법과 법규와 여러 증거대로 행하지 아니하였으므로 이 재난이 오늘과 같이 너희에게 일어났느니라

시편 19편 | 여호와를 경외하여 율법을 따르는 자의 기쁨

19:7 여호와의 율법은 완전하여 영혼을 소성시키며 여호와의 증거는 확실하여 우둔한 자를 지혜롭게 하며

19:8 여호와의 교훈은 정직하여 마음을 기쁘게 하고 여호와의 계명은 순결하여 눈을 밝게 하시도다

19:9 여호와를 경외하는 도는 정결하여 영원까지 이르고 여호와의 법도 진실하여 다 의로우니

19:14 나의 반석이시요 나의 구속자이신 여호와여 내 입의 말과 마음의 묵상이 주님 앞에 열납되기를 원하나이다

말씀연결 중심내용

삼상 5-6 블레셋 사람들이 하나님의 궤를 가지고 다곤 신전에 들어가 다곤 곁에 두었더니 다음 날 다곤이 엎드러져 머리와 손목이 끊어져 있게 됩니다. **여호와를 경외하지 않아** 아스돗과 가드, 벧세메스 등에서도 재앙을 겪습니다. 여호와는 유일하신 참 하나님으로 두려워하고 **경외해야 할 분**임을 나타내신 것입니다.

롬 5 한 사람의 범죄로 말미암아 죄가 세상에 들어와서 사망이 모든 사람에게 이르렀습니다. 하지만 **하나님을 경외하는 자**에게는 믿음으로 말미암아 의롭다 하심을 받게 하시고 예수님으로 말미암아 하나님과 화평을 이루게 됩니다. 우리가 죄인 되었을 때에 그리스도의 죽으심으로 우리가 의롭다 일컬음을 받고 영생에 이르게 되었습니다.

렘 44 유다 백성들은 하나님의 말씀을 거부하고 애굽을 피난을 가서 애굽 신을 제사하며 우상을 숭배했습니다. 만군의 하나님 여호와께서 다른 신들을 섬기는 악행을 한 예루살렘과 유다를 끊어버리신다고 하십니다. 칼과 기근과 전염병으로 벌함은 **여호와를 경외하지 않는 자들**의 악행과 가증한 행위 때문입니다.

시 19 여호와를 경외하여 말씀에 순종하는 삶은 하나님과의 화목을 통해 기쁨의 삶을 살게 됩니다. 완전하신 하나님의 말씀을 붙들고 살아갈 때 우리 영혼은 소생되며 지혜롭고 순결한 인생이 됩니다. 반석이신 여호와를 따르는 자의 말과 묵상이 주님 앞에 열납되는 은혜가 있습니다.

말씀암송

시 19:14 나의 ☐☐이시요 나의 ☐☐☐이신 여호와여 내 ☐의 ☐과 마음의 ☐☐이 주님 앞에 ☐☐되기를 원하나이다

말씀묵상

이방인 블레셋 사람들뿐 아니라 하나님의 백성인 이스라엘과 유다의 백성들도 여호와를 경외하지 않고 악행하여 재앙과 재난을 당합니다. 하지만 하나님을 경외하는 자는 화평과 기쁨의 삶을 살게 됩니다. 주의 말씀을 붙들고 살아가며 순종하는 지혜로운 인생이 되기를 소망합니다.

말씀적용 오늘의 감사

말씀적용

오늘의 감사

믿음으로 감사

소망으로 감사

사랑으로 감사

말씀기도

❶ 오직 하나님만이 유일하신 참 하나님이심을 깨닫고 온전히 하나님만을 경외하는 삶을 살게 하소서.
❷ 예수 그리스도를 믿고 은혜를 누림으로 하나님과 화목하고, 두려움의 심판을 피하게 하소서.
❸ 말씀에 철저히 순종하는 삶을 통해 하나님과 기쁨의 교제를 나누며 살아가게 하소서.

말씀배경 지식

다곤(삼상 5:2)

다곤이란 말은 아마 <다그(물고기)>에서 유래했을 것이다. 아니면 <다간(옥수수)>에서 유래했으리라 본다. 고기 신(魚神)은 사람의 머리와 손을 가진 고기 몸뚱이 형상으로, 시리아에서 숭배되었고, 앗수르의 얕은 돋을새김(양각 부조)에 묘사되어 있는 것이 발굴되었다. 한편, 세펠라라는 비옥한 밀산지의 블레셋인들은 유브라데 계곡에서 수입된 곡물 신을 섬겼다. 이 신은 라스 샤므라 비문들에서 바알의 부(父)로 언급된 '아곤'이었다.

228 일차 365

하나님을 의지하라

8월 16일

사무엘상 7-8장 | 로마서 6장 | 예레미야 45장 | 시편 20-21편

사무엘상 7-8장 | 하나님을 의지하는 믿음을 가르치는 사무엘

7:3 사무엘이 이스라엘 온 족속에게 말하여 이르되 만일 너희가 전심으로 여호와께 돌아오려거든 이방 신들과 아스다롯을 너희 중에서 제거하고 너희 마음을 여호와께로 향하여 그만을 섬기라 그리하면 너희를 블레셋 사람의 손에서 건져 내시리라

7:4 이에 이스라엘 자손이 바알들과 아스다롯을 제거하고 여호와만 섬기니라

7:5 사무엘이 이르되 온 이스라엘은 미스바로 모이라 내가 너희를 위하여 여호와께 기도하리라 하매

7:6 그들이 미스바에 모여 물을 길어 여호와 앞에 붓고 그 날 종일 금식하고 거기에서 이르되 우리가 여호와께 범죄하였나이다 하니라 사무엘이 미스바에서 이스라엘 자손을 다스리니라

7:12 사무엘이 돌을 취하여 미스바와 센 사이에 세워 이르되 여호와께서 여기까지 우리를 도우셨다 하고 그 이름을 에벤에셀이라 하니라

로마서 6장 | 죽음 가운데서 살아나신 그리스도를 의지하는 부활 신앙

6:8 만일 우리가 그리스도와 함께 죽었으면 또한 그와 함께 살 줄을 믿노니

6:9 이는 그리스도께서 죽은 자 가운데서 살아나셨으매 다시 죽지 아니하시고 사망이 다시 그를 주장하지 못할 줄을 앎이로라

6:10 그가 죽으심은 죄에 대하여 단번에 죽으심이요 그가 살아 계심은 하나님께 대하여 살아 계심이니

6:11 이와 같이 너희도 너희 자신을 죄에 대하여는 죽은 자요 그리스도 예수 안에서 하나님께 대하여는 살아 있는 자로 여길지어다

6:17 하나님께 감사하리로다 너희가 본래 죄의 종이더니 너희에게 전하여 준 바 교훈의 본을 마음으로 순종하여

6:18 죄로부터 해방되어 의에게 종이 되었느니라

6:23 죄의 삯은 사망이요 하나님의 은사는 그리스도 예수 우리 주 안에 있는 영생이니라

오늘의 찬양 | 찬송가 310장 (아 하나님의 은혜로)

아 하나님의 은혜로 이 쓸데없는 자 왜 구속하여 주는지 난 알 수 없도다
내가 믿고 또 의지함은 내 모든 형편 아시는 주님 늘 보호해 주실 것을 나는 확실히 아네

예레미야 45장 | 세우기도 헐기도 하시는 하나님을 전적으로 의지하라

45:1 유다의 요시야 왕의 아들 여호야김 넷째 해에 네리야의 아들 바룩이 예레
미야가 불러 주는 대로 이 모든 말을 책에 기록하니라 그 때에 선지자 예레미야
가 그에게 말하여 이르되

45:2 바룩아 이스라엘의 하나님 여호와께서 네게 이같이 말씀하셨느니라

45:4 너는 그에게 이르라 여호와께서 이와 같이 말씀하시기를 보라 나는 내가
세운 것을 헐기도 하며 내가 심은 것을 뽑기도 하나니 온 땅에 그리하겠거늘

45:5 네가 너를 위하여 큰 일을 찾느냐 그것을 찾지 말라 보라 내가 모든 육체에
재난을 내리리라 그러나 네가 가는 모든 곳에서는 내가 너에게 네 생명을 노략물
주듯 하리라 여호와의 말씀이니라

시편 20-21편 | 병거와 말이 아닌 하나님의 이름을 의지하라

20:1 환난 날에 여호와께서 네게 응답하시고 야곱의 하나님의 이름이 너를 높이 드
시며

20:4 네 마음의 소원대로 허락하시고 네 모든 계획을 이루어 주시기를 원하노라

20:5 우리가 너의 승리로 말미암아 개가를 부르며 우리 하나님의 이름으로 우리의
깃발을 세우리니 여호와께서 네 모든 기도를 이루어 주시기를 원하노라

20:7 어떤 사람은 병거, 어떤 사람은 말을 의지하나 우리는 여호와 우리 하나님의
이름을 자랑하리로다

21:7 왕이 여호와를 의지하오니 지존하신 이의 인자함으로 흔들리지 아니하리이
다

말씀연결 중심내용

삼상 7-8 사무엘이 이스라엘 온 족속에게 **하나님만을 의지하라**고 가르칩니다. 이에 백성들은 이방신들과 아스다롯을 제거하고 미스바로 모여 금식하며 기도합니다. 사무엘이 번제를 드릴 때 블레셋 사람들이 쳐들어 왔으나 여호와께서 우레를 발하여 블레셋은 전쟁에서 패합니다. 하나님을 의지하여 승리한 사무엘은 여호와의 도우심을 기념하여 돌을 세우고 에벤에셀이라 이름합니다.

롬 6 예수 그리스도를 믿고 의지하여 십자가에 옛 사람을 못 박으면 예수님의 부활의 생명이 우리에게도 주어집니다. 죄의 종 되었던 옛 사람은 죽고, 의롭다 하심을 얻은 새 사람이 부활의 생명으로 주어지는 것입니다. 이 부활의 하나님을 믿는 삶이 **하나님을 의지하는** 삶입니다.

렘 45 하나님을 의지하는 믿음은 하나님께 맡기는 것입니다. 내 힘으로 해답을 찾으려 하지 말고 하나님께서 그 뜻대로 이루심을 믿고 맡기는 것입니다. 세운 것을 헐기도 하고 심은 것을 뽑기도 하시는 하나님은 그 생명을 지켜주시니 **주님께 의지하고** 맡기라고 하십니다.

시 20-21 여호와는 환난 날에 응답하시고 마음의 소원대로 허락해 주시는 사랑의 하나님이십니다. 전쟁에서 병거와 말을 의지하지 않고 **하나님을 의지할 때** 적들은 엎드러지고 우리는 승리하여 바로 섭니다.

말씀암송

롬 6:23 ☐의 삯은 ☐☐이요 하나님의 ☐☐는 그리스도 ☐☐ 우리 ☐ 안에 있는 ☐☐이니라

말씀묵상

사무엘의 가르침으로 이스라엘은 이방신들을 버리고 금식하며 기도합니다. 하나님을 절대자로 믿을 때 인생의 모든 결정권을 하나님께 맡길 수 있습니다. 내 힘으로 판단하고 결정하는 것이 아닌 하나님을 의지하는 믿음으로 승리하기를 다짐합니다.

말씀적용 오늘의 감사

말씀적용

오늘의 감사

믿음으로 감사

소망으로 감사

사랑으로 감사

말씀기도

❶ 승리는 말과 병거가 아니라 하나님께 있음을 깨닫고, 절대적으로 하나님을 의지하는 믿음을 갖게 하소서.
❷ 나 스스로 해답을 찾으려 애쓰지 않게 하시고 하나님께 맡겨 그 뜻대로 주시는 생명을 누리게 하소서.
❸ 옛 사람을 십자가에 못 박고 주님의 부활 신앙으로 생명과 승리를 얻게 하소서.

말씀배경 지식

바알(삼상 7:4)

바알은 베니게와 가나안 족속의 최고 남성 신이었다. 라스 샤마르 비문들에서 그는 아곤의 아들로서 엘의 왕위 계승자로 나타난다. 그는 하늘을 다스리는 풍요의 신이었다. 그는 하늘로부터 땅을 비옥하게 하고, 자연을 다스린다고 생각되었다. 바알 종교는, 이스라엘이 가나안에 입성했을 때 유행되고 있었고, 이스라엘의 여호와 숭배와 여러 유사점들이 있어 이스라엘인들은 곧 바알 신과의 혼합주의에 빠졌다. 엘리야와 엘리사의 사역은 바알 숭배와 싸우는 것이었다.

229 일차 / 365

8월 17일

하나님께서 세우시는 사람

사무엘상 9장 | 로마서 7장 | 예레미야 46장 | 시편 22편

사무엘상 9장 | 겸손한 사울을 세우시는 하나님

9:2 기스에게 아들이 있으니 그의 이름은 사울이요 준수한 소년이라 이스라엘 자손 중에 그보다 더 준수한 자가 없고 키는 모든 백성보다 어깨 위만큼 더 컸더라

9:15 사울이 오기 전날에 여호와께서 사무엘에게 알게 하여 이르시되

9:16 내일 이맘 때에 내가 베냐민 땅에서 한 사람을 네게로 보내리니 너는 그에게 기름을 부어 내 백성 이스라엘의 지도자로 삼으라 그가 내 백성을 블레셋 사람들의 손에서 구원하리라 내 백성의 부르짖음이 내게 상달되었으므로 내가 그들을 돌보았노라 하셨더니

9:17 사무엘이 사울을 볼 때에 여호와께서 그에게 이르시되 보라 이는 내가 네게 말한 사람이니 이가 내 백성을 다스리리라 하시니라

9:21 사울이 대답하여 이르되 나는 이스라엘 지파의 가장 작은 지파 베냐민 사람이 아니니이까 또 나의 가족은 베냐민 지파 모든 가족 중에 가장 미약하지 아니하니이까 당신이 어찌하여 내게 이같이 말씀하시나이까 하니

로마서 7장 | 죄와 끝까지 싸우는 바울을 세우시는 하나님

7:4 그러므로 내 형제들아 너희도 그리스도의 몸으로 말미암아 율법에 대하여 죽임을 당하였으니 이는 다른 이 곧 죽은 자 가운데서 살아나신 이에게 가서 우리가 하나님을 위하여 열매를 맺게 하려 함이라

7:21 그러므로 내가 한 법을 깨달았노니 곧 선을 행하기 원하는 나에게 악이 함께 있는 것이로다

7:22 내 속사람으로는 하나님의 법을 즐거워하되

7:23 내 지체 속에서 한 다른 법이 내 마음의 법과 싸워 내 지체 속에 있는 죄의 법으로 나를 사로잡는 것을 보는도다

7:24 오호라 나는 곤고한 사람이로다 이 사망의 몸에서 누가 나를 건져내랴

7:25 우리 주 예수 그리스도로 말미암아 하나님께 감사하리로다 그런즉 내 자신이 마음으로는 하나님의 법을 육신으로는 죄의 법을 섬기노라

오늘의 찬양 | 찬송가 95장 (나의 기쁨 나의 소망되시며)

나의 기쁨 나의 소망되시며 나의 생명이 되신 주 밤낮 불러서 찬송을 드려도
늘 아쉰 마음 뿐일세

예레미야 46장 | 교만한 애굽을 세우지 않으시는 하나님

46:1 이방 나라들에 대하여 선지자 예레미야에게 임한 여호와의 말씀이라

46:2 애굽에 관한 것이라 곧 유다의 요시야 왕의 아들 여호야김 넷째 해에 유브
라데 강 가 갈그미스에서 바벨론의 느부갓네살 왕에게 패한 애굽의 왕 바로느고
의 군대에 대한 말씀이라

46:24 딸 애굽이 수치를 당하여 북쪽 백성의 손에 붙임을 당하리로다

46:25 만군의 여호와 이스라엘의 하나님께서 말씀하시니라 보라 내가 노의 아
몬과 바로와 애굽과 애굽 신들과 왕들 곧 바로와 및 그를 의지하는 자들을 벌할
것이라

46:26 내가 그들의 생명을 노리는 자의 손 곧 바벨론의 느부갓네살 왕의 손과 그
종들의 손에 넘기리라 그럴지라도 그 후에는 그 땅이 이전 같이 사람 살 곳이 되
리라 여호와의 말씀이니라

시편 22편 | 탄식 가운데서도 날 때부터 세우신 하나님을 찬양하는 다윗

22:1 내 하나님이여 내 하나님이여 어찌 나를 버리셨나이까 어찌 나를 멀리 하여
돕지 아니하시오며 내 신음 소리를 듣지 아니하시나이까

22:2 내 하나님이여 내가 낮에도 부르짖고 밤에도 잠잠하지 아니하오나 응답하지
아니하시나이다

22:10 내가 날 때부터 주께 맡긴 바 되었고 모태에서 나올 때부터 주는 나의 하나
님이 되셨나이다

22:25 큰 회중 가운데에서 나의 찬송은 주께로부터 온 것이니 주를 경외하는 자 앞
에서 나의 서원을 갚으리이다

22:27 땅의 모든 끝이 여호와를 기억하고 돌아오며 모든 나라의 모든 족속이 주의
앞에 예배하리니

22:28 나라는 여호와의 것이요 여호와는 모든 나라의 주재심이로다

말씀연결 중심내용

삼상 9 하나님은 겸손한 자를 세우십니다. 사울은 사무엘이 기름을 부어 왕으로 **세우려 할 때** 대답하여 이르되 가장 작은 지파요 가장 미약하다고 겸손하게 말했습니다. 이처럼 왕이 되기 전 사울은 겸손했고, 겸손한 그를 **하나님은 이스라엘의 첫 번째 왕으로 세우셨습니다.**

롬 7 바울은 정직하게 하나님 앞에 자신의 죄악됨을 인식하고 있습니다. 속사람으로는 하나님의 법을 즐거워하지만 죄의 법인 악이 또한 함께 있어 두 법이 싸우는 것을 고백합니다. 그러나 그리스도의 몸으로 말미암아 율법으로 말미암은 죄의 정욕에서 벗어날 수 있음을 깨닫고 바울은 거룩한 자로 거듭나기 위해 끝까지 **죄악과 싸워 이기려고** 몸부림칩니다. 하나님은 이런 바울을 **이방인의 사도로 세우셨습니다.**

렘 46 애굽은 강대국이라 자처하며 군사력을 믿고 우상숭배를 행하며 이스라엘을 괴롭혔습니다. 하나님은 교만한 애굽을 수치를 당하게 하시고 강대국 바벨론의 느부갓네살 왕에게 넘기실 것을 예레미야를 통해 예언하십니다. **하나님께서 세우시는 자**는 교만한 자가 아니라 하나님께 복종하는 자입니다.

시 22 다윗이 사울에게 쫓기며 마치 하나님이 자기를 버린 것 같은 탄식 속에 있습니다. 원래 다윗은 태어날 때부터 주께 맡긴 바 되었고 **하나님께서 세우시는 자**였음을 고백하며 자신을 도와달라고 절박한 심정으로 간구합니다. 다윗은 자신의 서원을 갚으며 여호와의 이름을 찬송합니다.

말씀암송

시 22:25 큰 ☐☐ 가운데에서 나의 ☐☐은 ☐께로부터 온 것이니 주를 ☐☐하는 자 앞에서 나의 ☐☐을 갚으리이다

말씀묵상

겸손했을 때의 사울은 하나님께서 세우신 왕이었습니다. 바울은 자기 속의 죄악된 속성을 이기려고 몸부림칩니다. 다윗은 자신의 도움을 하나님으로부터 구합니다. 반면 애굽은 스스로 강대국이라는 교만과 우상숭배로 인해 넘어지게 됩니다. 교만은 패망의 지름길임을 항상 인식하고 겸손함으로 하나님이 세우시는 자가 되길 소망합니다.

말씀적용 오늘의 감사

말씀적용

오늘의 감사

믿음으로 감사

소망으로 감사

사랑으로 감사

말씀기도

❶ 겸손함으로 하나님이 세우시는 사람이 되게 하소서.
❷ 그리스도의 은혜로 죄의 유혹을 이기고 자유함을 누리게 하소서.
❸ 끝까지 포기하지 않는 믿음을 통해 하나님의 은혜와 축복의 역사를 누리게 하소서.

말씀배경 지식

기스에게 아들이 있으니 그의 이름은 사울이요 준수한 소년이라 (삼상 9:2)

소년(바후르)은 히브리어에서 아버지의 재산을 상속받을 수 있을 정도로 성숙된 인생의 전성기에 있는 사람을 가리킨다. 따라서 사울은 10대가 아니었다. 왜냐하면 그 당시 그는 이미 요나단이라는 어린 아이를 갖고 있었기 때문이다.

230 일차 365

인도하시는 하나님

8월 18일

사무엘상 10장 | 로마서 8장 | 예레미야 47장 | 시편 23-24편

사무엘상 10장 | 하나님의 인도하심으로 왕이 된 사울

10:1 이에 사무엘이 기름병을 가져다가 사울의 머리에 붓고 입맞추며 이르되 여
호와께서 네게 기름을 부으사 그의 기업의 지도자로 삼지 아니하셨느냐

10:6 네게는 여호와의 영이 크게 임하리니 너도 그들과 함께 예언을 하고 변하여
새 사람이 되리라

10:10 그들이 산에 이를 때에 선지자의 무리가 그를 영접하고 하나님의 영이 사
울에게 크게 임하므로 그가 그들 중에서 예언을 하니

10:17 사무엘이 백성을 미스바로 불러 여호와 앞에 모으고

10:24 사무엘이 모든 백성에게 이르되 너희는 여호와께서 택하신 자를 보느냐
모든 백성 중에 짝할 이가 없느니라 하니 모든 백성이 왕의 만세를 외쳐 부르니
라

로마서 8장 | 하나님의 인도하심을 받은 사람들

8:5 육신을 따르는 자는 육신의 일을, 영을 따르는 자는 영의 일을 생각하나니

8:6 육신의 생각은 사망이요 영의 생각은 생명과 평안이니라

8:14 무릇 하나님의 영으로 인도함을 받는 사람은 곧 하나님의 아들이라

8:27 마음을 살피시는 이가 성령의 생각을 아시나니 이는 성령이 하나님의 뜻대
로 성도를 위하여 간구하심이니라

8:28 우리가 알거니와 하나님을 사랑하는 자 곧 그의 뜻대로 부르심을 입은 자
들에게는 모든 것이 합력하여 선을 이루느니라

8:35 누가 우리를 그리스도의 사랑에서 끊으리요 환난이나 곤고나 박해나 기근
이나 적신이나 위험이나 칼이랴

8:37 그러나 이 모든 일에 우리를 사랑하시는 이로 말미암아 우리가 넉넉히 이
기느니라

8:39 높음이나 깊음이나 다른 어떤 피조물이라도 우리를 우리 주 그리스도 예수
안에 있는 하나님의 사랑에서 끊을 수 없으리라

오늘의 찬양 | 찬송가 382장 (너 근심 걱정 말아라)

너 근심 걱정 말아라 주 너를 지키리 주 날개 밑에 거하라 주 너를 지키리
주 너를 지키리 아무 때나 어디서나 주 너를 지키리 늘 지켜 주시리

예레미야 47장 | 이스라엘의 대적 블레셋을 치시는 여호와

47:1 바로가 가사를 치기 전에 블레셋 사람에 대하여 선지자 예레미야에게 임한 여호와의 말씀이라

47:3 군마의 발굽 소리와 달리는 병거 바퀴가 진동하는 소리 때문에 아버지의 손맥이 풀려서 자기의 자녀를 돌보지 못하리니

47:4 이는 블레셋 사람을 유린하시며 두로와 시돈에 남아 있는 바 도와 줄 자를 다 끊어 버리시는 날이 올 것임이라 여호와께서 갑돌 섬에 남아 있는 블레셋 사람을 유린하시리라

시편 23-24편 | 목자로 백성들을 인도하시는 여호와 하나님

23:1 여호와는 나의 목자시니 내게 부족함이 없으리로다

23:2 그가 나를 푸른 풀밭에 누이시며 쉴 만한 물 가로 인도하시는도다

23:3 내 영혼을 소생시키시고 자기 이름을 위하여 의의 길로 인도하시는도다

23:4 내가 사망의 음침한 골짜기로 다닐지라도 해를 두려워하지 않을 것은 주께서 나와 함께 하심이라 주의 지팡이와 막대기가 나를 안위하시나이다

23:5 주께서 내 원수의 목전에서 내게 상을 차려 주시고 기름을 내 머리에 부으셨으니 내 잔이 넘치나이다

23:6 내 평생에 선하심과 인자하심이 반드시 나를 따르리니 내가 여호와의 집에 영원히 살리로다

말씀연결 중심내용

삼상 10 사무엘은 사울에게 기름을 붓고 기업의 지도자로 삼을 때 사울에게 여호와의 영이 크게 임해서 예언을 하고 새 사람이 됩니다. 사무엘은 미스바에서 백성들을 불러 왕을 세우는 절차를 진행할 때 **하나님의 인도하심으로** 사울은 왕으로 임명됩니다.

롬 8 그리스도 예수 안의 성령의 법은 사망의 법을 이기고 해방시킵니다. 육신에 있으며 하나님과 원수가 되지만 **하나님의 인도하심**을 받은 사람은 하나님의 아들이 됩니다. 하나님께 택하심을 받은 자들은 그리스도의 사랑에서 끊을 수 없고 모든 것이 합력하여 선을 이루게 됩니다.

렘 47 블레셋은 하나님의 백성인 이스라엘을 고통스럽게 한 죄로 여호와께서 블레셋 사람을 심판하십니다. **하나님의 역사하심으로** 이스라엘의 대적인 블레셋은 유린당하고 끊어버림을 겪게 됩니다.

시 23-24 하나님의 인도하심은 그 백성들을 푸른 풀밭과 쉴만한 물가 및 의의 길로 인도하십니다. 주의 지팡이와 막대기로 안위하시는 하나님은 원수의 목전에서도 보호하시고 잔이 넘치도록 기름을 부어주십니다. 여호와의 양떼들은 평생에 선하심과 인자하심이 떠나지 않는 축복을 받게 됩니다.

말씀암송

시 23:4 내가 ☐☐의 음침한 ☐☐☐로 다닐지라도 ☐를 두려워하지 않을 것은 ☐께서 나와 ☐☐ 하심이라 주의 ☐☐☐와 ☐☐☐가 나를 ☐☐하시나이다

말씀묵상

하나님의 인도하심을 받아 사울은 왕으로 임명받고 이방인들도 구원을 받습니다. 그러나 행악하는 자들은 끊어버림을 당합니다. 다윗의 고백처럼 늘 선한 목자 되시는 하나님의 인도하심을 받으며 신실한 믿음으로 살아가기를 다짐합니다.

말씀적용 오늘의 감사

말씀적용

오늘의 감사

믿음으로 감사

소망으로 감사

사랑으로 감사

말씀기도

❶ 하나님의 인도하심을 의지하는 믿음으로 오늘의 고난에 두려워하지 않게 하소서.
❷ 주를 따라가는 길에서 성령을 통해 도우시는 은혜를 날마다 누리게 하옵소서.
❸ 우리를 조롱하는 적들로 인해 두려워하지 않게 하시고 능히 승리하는 믿음을 갖게 하소서.

말씀배경 지식

여호와는 나의 목자시니 (시 23)

이 말은 하나님을 오랫동안 사귀어 온 경험을 배경으로 깔고 있다. 하나님과 이스라엘의 동반 관계가 개인적인 인식으로 표현되었다. 신실한 목자에 관한 묘사는, 하나님의 온유한 돌보심과 지속적으로 지켜주심을 축소하여 보여주고 있다. 양들은 목자가 내일의 모든 것을 공급해 주리라 본능적으로 신뢰한다.

231 일차 365

함께 하심

8월 19일

사무엘상 11장 | 로마서 9장 | 예레미야 48장 | 시편 25편

사무엘상 11장 | 여호와의 영이 함께 하는 사울

11:1 암몬 사람 나하스가 올라와서 길르앗 야베스에 맞서 진 치매 야베스 모든 사람들이 나하스에게 이르되 우리와 언약하자 그리하면 우리가 너를 섬기리라 하니

11:2 암몬 사람 나하스가 그들에게 이르되 내가 너희 오른 눈을 다 빼야 너희와 언약하리라 내가 온 이스라엘을 이같이 모욕하리라

11:6 사울이 이 말을 들을 때에 하나님의 영에게 크게 감동되매 그의 노가 크게 일어나

11:7 한 겨리의 소를 잡아 각을 뜨고 전령들의 손으로 그것을 이스라엘 모든 지역에 두루 보내어 이르되 누구든지 나와서 사울과 사무엘을 따르지 아니하면 그의 소들도 이와 같이 하리라 하였더니 여호와의 두려움이 백성에게 임하매 그들이 한 사람 같이 나온지라

11:11 이튿날 사울이 백성을 삼 대로 나누고 새벽에 적진 한가운데로 들어가서 날이 더울 때까지 암몬 사람들을 치매 남은 자가 다 흩어져서 둘도 함께 한 자가 없었더라

11:15 모든 백성이 길갈로 가서 거기서 여호와 앞에서 사울을 왕으로 삼고 길갈에서 여호와 앞에 화목제를 드리고 사울과 이스라엘 모든 사람이 거기서 크게 기뻐하니라

로마서 9장 | 하나님이 함께 하시는 약속의 자녀

9:7 또한 아브라함의 씨가 다 그의 자녀가 아니라 오직 이삭으로부터 난 자라야 네 씨라 불리리라 하셨으니

9:8 곧 육신의 자녀가 하나님의 자녀가 아니요 오직 약속의 자녀가 씨로 여기심을 받느니라

9:17 성경이 바로에게 이르시되 내가 이 일을 위하여 너를 세웠으니 곧 너로 말미암아 내 능력을 보이고 내 이름이 온 땅에 전파되게 하려 함이라 하셨으니

9:21 토기장이가 진흙 한 덩이로 하나는 귀히 쓸 그릇을, 하나는 천히 쓸 그릇을 만들 권한이 없느냐

9:25 호세아의 글에도 이르기를 내가 내 백성 아닌 자를 내 백성이라, 사랑하지 아니한 자를 사랑한 자라 부르리라

오늘의 찬양 | 찬송가 391장 (오 놀라운 구세주)

오 놀라운 구세주 예수 내 주 참 능력의 주시로다 큰 바위 밑 안전한 그 곳으로
내 영혼을 숨기시네 메마른 땅을 종일 걸어가도 나 피곤치 아니하며
저 위험한 곳 내가 이를 때면 큰 바위에 숨기시고 주 손으로 덮으시네

예레미야 48장 | 하나님의 함께 하심이 없는 모압

48:2 모압의 찬송 소리가 없어졌도다 헤스본에서 무리가 그를 해하려고 악을 도
모하고 이르기를 와서 그를 끊어서 나라를 이루지 못하게 하자 하는도다 맛멘이
여 너도 조용하게 되리니 칼이 너를 뒤쫓아 가리라

48:7 네가 네 업적과 보물을 의뢰하므로 너도 정복을 당할 것이요 그모스는 그
의 제사장들과 고관들과 함께 포로되어 갈 것이라

48:29 우리가 모압의 교만을 들었나니 심한 교만 곧 그의 자고와 오만과 자랑과
그 마음의 거만이로다

48:46 모압이여 네게 화가 있도다 그모스의 백성이 망하였도다 네 아들들은 사
로잡혀 갔고 네 딸들은 포로가 되었도다

시편 25편 | 여호와를 바라고 함께 하는 자에게 주시는 보호

25:2 나의 하나님이여 내가 주께 의지하였사오니 나를 부끄럽지 않게 하시고 나의
원수들이 나를 이겨 개가를 부르지 못하게 하소서

25:4 여호와여 주의 도를 내게 보이시고 주의 길을 내게 가르치소서

25:6 여호와여 주의 긍휼하심과 인자하심이 영원부터 있었사오니 주여 이것들을
기억하옵소서

25:14 여호와의 친밀하심이 그를 경외하는 자들에게 있음이여 그의 언약을 그들
에게 보이시리로다

25:21 내가 주를 바라오니 성실과 정직으로 나를 보호하소서

말씀연결 중심내용

삼상 11 암몬 사람 나하스가 이스라엘을 모욕하자 사울에게 **여호와의 영이 함께 하사** 크게 노하여 이스라엘 백성들을 모이도록 합니다. 삼십삼만 명의 무리가 모이자 사울이 백성을 삼 대로 나누어 암몬 사람들을 쳐서 큰 승리를 얻습니다. 사무엘은 길갈에서 사울을 왕으로 삼고 여호와 앞에 화목제를 드립니다.
롬 9 아브라함의 자녀라 할지라도 다 그의 자녀가 아니고 **하나님이 함께 하시는** 이삭의 자녀라야 약속의 자녀가 됩니다. 하나님의 절대주권은 모세를 긍휼히 여기시고 바로를 완악하게 하셨으니, 토기장이가 진흙으로 귀하거나 천히 쓸 그릇을 만들 수 있는 것입니다. **하나님의 함께하심**으로 이방인 중에서도 구원의 손길을 받는 자들이 생겨납니다.
렘 48 하나님과 함께하지 않고 교만하고 업적과 보물을 의지하며 그모스를 숭배하는 모압은 심판을 받게 됩니다. 모압 산당에서 제사하는 자들을 끊어버리고 다시는 나라를 이루지 못하게 하신다고 말씀하십니다. **하나님과 함께하지 않는** 모압의 아들딸들은 포로가 되는 화를 당하여 모든 사람의 조롱거리가 될 것입니다.
시 25 여호와를 바라보고 **함께 하는 자들**은 하나님의 보호를 받습니다. 주께 의지하는 자들은 수치를 당하지 않고 평안의 축복과 주의 도를 알게 됩니다. 주를 경외할 때 여호와의 친밀하심이 **함께 하시며** 선하신 주님이 곤고와 환난에서 벗어나게 해주심을 약속하십니다.

말씀암송

시 25:14 여호와의 □□□□이 그를 □□하는 자들에게 있음이여 그의 □□을 그들에게 보이시리로다

말씀묵상

사울은 함께 하시는 여호와의 영으로 암몬을 크게 이기고, 하나님과 함께하지 않는 모압은 심판을 받습니다. 하나님의 절대주권은 이방인에게도 함께 하사 구원의 반열에 이르게 하십니다. 늘 여호와를 바라보며 의지할 때 주님이 주시는 평안과 친밀함을 누리기를 소원합니다.

말씀적용 오늘의 감사

말씀적용

오늘의 감사

믿음으로 감사

소망으로 감사

사랑으로 감사

말씀기도

❶ 주의 힘을 입어 모든 대적을 물리치고 승리하는 축복을 누리게 하소서.
❷ 하나님의 절대주권에 순복하는 믿음을 갖게 하소서.
❸ 주를 바라고 믿음으로 누리는 구원의 은혜를 놓치지 않게 하소서.

말씀배경 지식

오른 눈을 다 빼야 (삼상 11:2)

유목민인 암몬 족속의 야만적인 성격이 아모스 1:13에 제시되었다. 오른쪽 눈을 상실하면 전쟁에 무용지물이 된다. 왜냐하면 보통 군사의 왼쪽 눈은 방패로 가려지기 때문이다. 마찬가지로 엄지손가락과 엄지발가락을 절단하는 것(삿 1:7,8)은 활을 못 쏘게 하고 달리지 못하도록 만들었다.

232 일차 / 365

8월 20일

무엇을 구하고 있습니까?

사무엘상 12장 | 로마서 10장 | 예레미야 49장 | 시편 26-27편

사무엘상 12장 | 왕을 구하는 어리석은 이스라엘 백성들

12:12 너희가 암몬 자손의 왕 나하스가 너희를 치러 옴을 보고 너희의 하나님 여호와께서는 너희의 왕이 되심에도 불구하고 너희가 내게 이르기를 아니라 우리를 다스릴 왕이 있어야 하겠다 하였도다

12:13 이제 너희가 구한 왕, 너희가 택한 왕을 보라 여호와께서 너희 위에 왕을 세우셨느니라

12:14 너희가 만일 여호와를 경외하여 그를 섬기며 그의 목소리를 듣고 여호와의 명령을 거역하지 아니하며 또 너희와 너희를 다스리는 왕이 너희의 하나님 여호와를 따르면 좋겠지마는

12:15 너희가 만일 여호와의 목소리를 듣지 아니하고 여호와의 명령을 거역하면 여호와의 손이 너희의 조상들을 치신 것 같이 너희를 치실 것이라

로마서 10장 | 이스라엘의 구원을 간구하는 바울

10:1 형제들아 내 마음에 원하는 바와 하나님께 구하는 바는 이스라엘을 위함이니 곧 그들로 구원을 받게 함이라

10:3 하나님의 의를 모르고 자기 의를 세우려고 힘써 하나님의 의에 복종하지 아니하였느니라

10:4 그리스도는 모든 믿는 자에게 의를 이루기 위하여 율법의 마침이 되시니라

10:5 모세가 기록하되 율법으로 말미암는 의를 행하는 사람은 그 의로 살리라 하였거니와

10:9 네가 만일 네 입으로 예수를 주로 시인하며 또 하나님께서 그를 죽은 자 가운데서 살리신 것을 네 마음에 믿으면 구원을 받으리라

10:10 사람이 마음으로 믿어 의에 이르고 입으로 시인하여 구원에 이르느니라

10:13 누구든지 주의 이름을 부르는 자는 구원을 받으리라

10:17 그러므로 믿음은 들음에서 나며 들음은 그리스도의 말씀으로 말미암았느니라

오늘의 찬양 | 찬송가 542장 (구주 예수 의지함이)

구주 예수 의지함이 심히 기쁜 일일세 영생 허락 받았으니 의심 아주 없도다
예수 예수 믿는 것은 받은 증거 많도다 예수 예수 귀한 예수 믿음 더욱 주소서

예레미야 49장 | 여호와를 구하지 않는 패역한 나라들

49:2 여호와의 말씀이니라 그러므로 보라 날이 이르리니 내가 전쟁 소리로 암몬
자손의 랍바에 들리게 할 것이라 랍바는 폐허더미 언덕이 되겠고 그 마을들은 불
에 탈 것이며 그 때에 이스라엘은 자기를 점령하였던 자를 점령하리라 여호와의
말씀이니라

49:4 패역한 딸아 어찌하여 골짜기 곧 네 흐르는 골짜기를 자랑하느냐 네가 어
찌하여 재물을 의뢰하여 말하기를 누가 내게 대적하여 오리요 하느냐

49:5 주 만군의 여호와의 말씀이니라 보라 내가 두려움을 네 사방에서 네게 오
게 하리니 너희 각 사람이 앞으로 쫓겨 나갈 것이요 도망하는 자들을 모을 자가
없으리라

49:7 에돔에 대한 말씀이라 만군의 여호와께서 이와 같이 말씀하시되 데만에 다
시는 지혜가 없게 되었느냐 명철한 자에게 책략이 끊어졌느냐 그들의 지혜가 없
어졌느냐

49:23 다메섹에 대한 말씀이라 하맛과 아르밧이 수치를 당하리니 이는 흉한 소
문을 듣고 낙담함이니라 바닷가에서 비틀거리며 평안이 없도다

시편 26-27편 | 평생에 오직 여호와만을 구하는 다윗

27:1 여호와는 나의 빛이요 나의 구원이시니 내가 누구를 두려워하리요 여호와는
내 생명의 능력이시니 내가 누구를 무서워하리요

27:3 군대가 나를 대적하여 진 칠지라도 내 마음이 두렵지 아니하며 전쟁이 일어나
나를 치려 할지라도 나는 여전히 태연하리로다

27:4 내가 여호와께 바라는 한 가지 일 그것을 구하리니 곧 내가 내 평생에 여호와
의 집에 살면서 여호와의 아름다움을 바라보며 그의 성전에서 사모하는 그것이라

27:7 여호와여 내가 소리 내어 부르짖을 때에 들으시고 또한 나를 긍휼히 여기사
응답하소서

27:8 너희는 내 얼굴을 찾으라 하실 때에 내가 마음으로 주께 말하되 여호와여 내
가 주의 얼굴을 찾으리이다 하였나이다

말씀연결 중심내용

삼상 12 이스라엘 백성들은 어리석게도 하나님이 아닌 **왕을 구했습니다.** 하나님의 통치와 다스림으로 충분히 부강하고 행복할 수 있는데, 다른 나라들과 같이 왕이 있어야 강력한 군대의 나라가 된다고 어리석은 생각을 했습니다. 하나님은 결국 그들의 간구를 들어 왕을 세워주시며 세워진 왕과 더불어 하나님만을 경외할 것을 가르치셨습니다.

롬 10 바울은 이스라엘 백성들의 **구원을 구하고 있습니다.** 사람으로는 이룰 수 없는 율법의 의를 고집하는 그 백성들이, 마음으로 믿음을 가져 의에 이르고 입으로 시인하여 구원에 이르기를 소망하며 바랬습니다. **바울이 구하는 것**은 자신의 유익이나 이익이 아니요 오직 동족 이스라엘의 구원이었습니다.

렘 49 암몬, 모압, 에돔, 다메섹, 엘람 등에 대한 심판의 말씀이 이어집니다. 그들은 자신들의 재물과 요새와 군사와 병기를 의뢰했습니다. 그러기에 **하나님을 구하지도 않고** 의뢰하지도 않았습니다. 하나님은 그 나라들을 멸하셔서 그들이 믿고 의지하는 것들을 무너뜨리시고 하나님을 구하지 않은 어리석음을 보여주시겠다고 합니다.

시 26-27 다윗은 여호와를 생명의 능력으로 삼고 악인들을 무서워하지 않는 믿음을 가졌습니다. 군대가 대적해도 전쟁이 일어나도 태연한 것은 평생에 **여호와만을 구하고** 바라기 때문입니다. 다윗은 평탄한 길로 인도하시는 하나님을 바라며 성전에서 하나님을 예배하고 교제하는 삶을 사모합니다.

말씀암송

롬 10:9 네가 만일 네 ☐으로 ☐☐를 ☐로 시인하며 또 ☐☐☐께서 그를 죽은 자 가운데서 ☐☐☐ 것을 네 ☐☐에 믿으면 ☐☐을 받으리라

말씀묵상

하나님이 다스리심에도 왕을 요구하는 이스라엘 백성들, 자신들의 힘과 군대와 권력을 의지하는 세상 나라들을 보면서 우리가 오직 구할 것은 오직 여호와임을 깨닫습니다. 세상의 재물을 구하고 성공을 구하고 축복을 구하기보다 먼저 하나님의 임재와 영혼 구원을 구하는 자로 살기를 다짐합니다.

말씀적용 오늘의 감사

말씀적용

오늘의 감사

믿음으로 감사

소망으로 감사

사랑으로 감사

말씀기도

❶ 하나님보다 돈과 명예와 권력을 의뢰하는 교만함을 깨뜨리고 주님을 의지하게 하소서.
❷ 다윗처럼 오직 주님만을 구하여 주님이 주시는 기쁨과 만족감으로 살게 하소서.
❸ 영혼 구원에 대한 애타는 마음을 갖게 하시고 가족과 이웃들의 구원을 이루는 은혜를 누리게 하소서.

말씀배경 지식

하나님의 의를 모르고 자기 의를 세우려고 힘써 하나님의 의에 복종하지 아니하였느니라 (롬 10:3)

이 구절에는 두 가지의 대조적인 것이 있다. 첫째로, 이스라엘 사람들은 자신의 의를 세우려고 애썼다. 이것에 대한 그들의 자기 과신(過信)을 주의하라 하신다. 둘째로, 그들은 하나님께서 주셨던 것에 복종하지 않으려 했다. 즉, 그들의 뜻을 굽히지 않았다. 부딪치는 돌(그리스도)에 부딪쳤기 때문에 그들은 하나님의 의의 선물을 알지 못하고 복종하지 아니하였다.

233 일차/365

8월 21일

기다림

사무엘상 13장 | 로마서 11장 | 예레미야 50장 | 시편 28-29편

사무엘상 13장 | 기다림에 실패한 사람

13:8 사울은 사무엘이 정한 기한대로 이레 동안을 기다렸으나 사무엘이 길갈로 오지 아니하매 백성이 사울에게서 흩어지는지라

13:9 사울이 이르되 번제와 화목제물을 이리로 가져오라 하여 번제를 드렸더니

13:13 사무엘이 사울에게 이르되 왕이 망령되이 행하였도다 왕이 왕의 하나님 여호와께서 왕에게 내리신 명령을 지키지 아니하였도다 그리하였더라면 여호와께서 이스라엘 위에 왕의 나라를 영원히 세우셨을 것이거늘

13:14 지금은 왕의 나라가 길지 못할 것이라 여호와께서 왕에게 명령하신 바를 왕이 지키지 아니하였으므로 여호와께서 그의 마음에 맞는 사람을 구하여 여호와께서 그를 그의 백성의 지도자로 삼으셨느니라 하고

로마서 11장 | 기다림의 구원

11:4 그에게 하신 대답이 무엇이냐 내가 나를 위하여 바알에게 무릎을 꿇지 아니한 사람 칠천 명을 남겨 두었다 하셨으니

11:5 그런즉 이와 같이 지금도 은혜로 택하심을 따라 남은 자가 있느니라

11:22 그러므로 하나님의 인자하심과 준엄하심을 보라 넘어지는 자들에게는 준엄하심이 있으니 너희가 만일 하나님의 인자하심에 머물러 있으면 그 인자가 너희에게 있으리라 그렇지 않으면 너도 찍히는 바 되리라

11:24 네가 원 돌감람나무에서 찍힘을 받고 본성을 거슬러 좋은 감람나무에 접붙임을 받았으니 원 가지인 이 사람들이야 얼마나 더 자기 감람나무에 접붙이심을 받으랴

11:31 이와 같이 이 사람들이 순종하지 아니하니 이는 너희에게 베푸시는 긍휼로 이제 그들도 긍휼을 얻게 하려 하심이라

오늘의 찬양 | 찬송가 543장 (어려운 일 당할 때)

어려운 일 당할 때 나의 믿음 적으나 의지하는 내 주를 더욱 의지 합니다
세월 지나 갈수록 의지할 것 뿐일세 무슨 일을 당해도 예수 의지 합니다

예레미야 50장 | 기다림의 소망

50:4 여호와의 말씀이니라 그 날 그 때에 이스라엘 자손이 돌아오며 유다 자손
도 함께 돌아오되 그들이 울면서 그 길을 가며 그의 하나님 여호와께 구할 것이
며

50:5 그들이 그 얼굴을 시온으로 향하여 그 길을 물으며 말하기를 너희는 오라
잊을 수 없는 영원한 언약으로 여호와와 연합하라 하리라

50:9 보라 내가 큰 민족의 무리를 북쪽에서 올라오게 하여 바벨론을 대항하게
하리니 그들이 대열을 벌이고 쳐서 정복할 것이라 그들의 화살은 노련한 용사의
화살 같아서 허공을 치지 아니하리라

50:20 여호와의 말씀이니라 그 날 그 때에는 이스라엘의 죄악을 찾을지라도 없
겠고 유다의 죄를 찾을지라도 찾아내지 못하리니 이는 내가 남긴 자를 용서할 것
임이라

시편 28-29편 | 기다림의 응답

28:1 여호와여 내가 주께 부르짖으오니 나의 반석이여 내게 귀를 막지 마소서 주께
서 내게 잠잠하시면 내가 무덤에 내려가는 자와 같을까 하나이다

28:6 여호와를 찬송함이여 내 간구하는 소리를 들으심이로다

28:7 여호와는 나의 힘과 나의 방패이시니 내 마음이 그를 의지하여 도움을 얻었도
다 그러므로 내 마음이 크게 기뻐하며 내 노래로 그를 찬송하리로다

29:10 여호와께서 홍수 때에 좌정하셨음이여 여호와께서 영원하도록 왕으로 좌정
하시도다

29:11 여호와께서 자기 백성에게 힘을 주심이여 여호와께서 자기 백성에게 평강
의 복을 주시리로다

말씀연결 중심내용

삼상 13 사울 왕은 사무엘을 기다리다 백성들이 자신에게서 흩어지는 모습에 불안하여 끝까지 **기다리지 못하고** 제사를 드렸습니다. 번제를 마치고 화목제를 드리기 전에 사무엘이 도착했는데, 이를 통해 사울 왕이 조금 더 기다리지 못했던 어리석음을 보게 합니다.

롬 11 하나님의 인자하심에 머물러 있지 않으면, 곧 인내하며 **기다리지 못하고** 넘어지면 하나님의 준엄하심 속에서 찍히고 꺾이게 됩니다. 어떤 환난과 유혹 속에서도 믿음으로 하나님의 은혜 안에 거해야 하고, 그 은혜의 자리를 떠나지 말아야 합니다.

렘 50 절망 중에도 포기하지 않으며 하나님을 믿고 **기다리면** 하나님의 놀라운 구원과 은혜를 경험하게 됩니다. 바벨론의 심판과 더불어 포로로 붙잡혀갔던 백성들을 돌아오게 하고 하나님과의 관계를 회복시키실 것을 말씀하셨습니다.

시 28-29 다윗의 믿음의 **기다림**과 간구 그리고 하나님의 응답을 보여줍니다. 다윗은 악인들로 인한 고통과 죽음의 위기 속에서 포기하지 않고 기도하며 주의 응답을 기다렸습니다. 그 결과 주의 응답을 경험할 수 있었습니다.

말씀암송

시 28:7 여호와는 나의 □과 나의 □□이시니 내 □□이 그를 □□하여 □□을 얻었도다 그러므로 내 □□이 크게 □□하며 내 □□로 그를 □□하리로다

말씀묵상

끝까지 하나님을 믿고 포기하지 말아야 합니다. 낙망의 상황에서도 하나님을 믿고 기다리며 기도해야 합니다. 그러면 반드시 하나님께서 응답하십니다.

말씀적용 오늘의 감사

말씀적용

오늘의 감사

믿음으로 감사

소망으로 감사

사랑으로 감사

말씀기도

❶ 절망하며 넘어지지 않고, 믿고 인내하며 기도하여, 응답하시는 하나님의 축복을 누리게 하소서.
❷ 기다림을 포기하는 어리석음이 없게 하시고, 끝까지 하나님을 믿고 기다려 승리와 영광의 자리에 서게 하소서.
❸ 어떤 환난과 유혹에도 흔들리지 않고 믿음으로 인내하게 하소서.

말씀배경 지식

망령되이 행하였도다 (삼상 13:13)

사울의 죄는, 그가 제사를 드린 데 있지 않았다. 그의 죄는, 칠일 간 기다리라는 사무엘의 특수한 명령을 불순종한 데 있었다. 자기 부하들은 승산이 전무(全無)한 것을 보고 탈영하기 바빴고, 블레셋인들은 자신들의 위세를 과시하고 있었기에 사울은 두려워 했다.. 그렇지만, 사울은 인간의 곤경이 하나님의 기회가 된다는 사실을 생각지 못하였다. 이스라엘이 전쟁에서 이겼던 것은 그 군대의 숫적인 우세 때문이 아니라, 믿음의 용사들의 용기 때문이었다.

234 일차 365

하나님의 뜻

8월 22일

사무엘상 14장 | 로마서 12장 | 예레미야 51장 | 시편 30편

사무엘상 14장 | 두려워하지 않음이 하나님의 뜻

14:6 요나단이 자기의 무기를 든 소년에게 이르되 우리가 이 할례 받지 않은 자들에게로 건너가자 여호와께서 우리를 위하여 일하실까 하노라 여호와의 구원은 사람이 많고 적음에 달리지 아니하였느니라

14:7 무기를 든 자가 그에게 이르되 당신의 마음에 있는 대로 다 행하여 앞서 가소서 내가 당신과 마음을 같이 하여 따르리이다

14:12 그 부대 사람들이 요나단과 그의 무기를 든 자에게 이르되 우리에게로 올라오라 너희에게 보여 줄 것이 있느니라 한지라 요나단이 자기의 무기를 든 자에게 이르되 나를 따라 올라오라 여호와께서 그들을 이스라엘의 손에 넘기셨느니라 하고

14:13 요나단이 손 발로 기어 올라갔고 그 무기를 든 자도 따랐더라 블레셋 사람들이 요나단 앞에서 엎드러지매 무기를 든 자가 따라가며 죽였으니

14:23 여호와께서 그 날에 이스라엘을 구원하시므로 전쟁이 벧아웬을 지나니라

14:45 백성이 사울에게 말하되 이스라엘에 이 큰 구원을 이룬 요나단이 죽겠나이까 결단코 그렇지 아니하니이다 여호와의 살아 계심을 두고 맹세하옵나니 그의 머리털 하나도 땅에 떨어지지 아니할 것은 그가 오늘 하나님과 동역하였음이니이다 하여 백성이 요나단을 구원하여 죽지 않게 하니라

로마서 12장 | 하나님의 뜻을 분별하는 삶

12:1 그러므로 형제들아 내가 하나님의 모든 자비하심으로 너희를 권하노니 너희 몸을 하나님이 기뻐하시는 거룩한 산 제물로 드리라 이는 너희가 드릴 영적 예배니라

12:2 너희는 이 세대를 본받지 말고 오직 마음을 새롭게 함으로 변화를 받아 하나님의 선하시고 기뻐하시고 온전하신 뜻이 무엇인지 분별하도록 하라

12:3 내게 주신 은혜로 말미암아 너희 각 사람에게 말하노니 마땅히 생각할 그 이상의 생각을 품지 말고 오직 하나님께서 각 사람에게 나누어 주신 믿음의 분량대로 지혜롭게 생각하라

12:14 너희를 박해하는 자를 축복하라 축복하고 저주하지 말라

12:21 악에게 지지 말고 선으로 악을 이기라

오늘의 찬양 | 찬송가 349장 (나는 예수 따라가는)

나는 예수 따라가는 십자가 군사라 주 이름 증언하기를 왜 주저하리요
다른 군사 피 흘리며 나가서 싸울 때 나 혼자 편히 앉아서 바라만 보리오
다른 사람 어쩌든지 나 주님의 용사되리 나는 주의 군사되어 충성을 맹세하여
내가 승리하기까지 주 은혜로 싸우리 주님의 용사 된 내게 주의 일 맡기소서

예레미야 51장 | 하나님을 의뢰함이 하나님의 뜻

51:13 많은 물 가에 살면서 재물이 많은 자여 네 재물의 한계 곧 네 끝이 왔도다

51:14 만군의 여호와께서 자기의 목숨을 두고 맹세하시되 내가 진실로 사람을 메
뚜기 같이 네게 가득하게 하리니 그들이 너를 향하여 환성을 높이리라 하시도다

51:20 여호와께서 이르시되 너는 나의 철퇴 곧 무기라 나는 네가 나라들을 분쇄
하며 네가 국가들을 멸하며

51:24 너희 눈 앞에서 그들이 시온에서 모든 악을 행한 대로 내가 바벨론과 갈대
아 모든 주민에게 갚으리라 여호와의 말씀이니라

51:33 만군의 여호와 이스라엘의 하나님께서 이와 같이 말씀하시되 딸 바벨론
은 때가 이른 타작 마당과 같은지라 멀지 않아 추수 때가 이르리라 하시도다

51:36 그러므로 여호와께서 이와 같이 말씀하시되 보라 내가 네 송사를 듣고 너
를 위하여 보복하여 그의 바다를 말리며 그의 샘을 말리리니

시편 30편 | 하나님을 찬송함이 하나님의 뜻

30:1 여호와여 내가 주를 높일 것은 주께서 나를 끌어내사 내 원수로 하여금 나로
말미암아 기뻐하지 못하게 하심이니이다

30:2 여호와 내 하나님이여 내가 주께 부르짖으매 나를 고치셨나이다

30:4 주의 성도들아 여호와를 찬송하며 그의 거룩함을 기억하며 감사하라

30:10 여호와여 들으시고 내게 은혜를 베푸소서 여호와여 나를 돕는 자가 되소서
하였나이다

30:11 주께서 나의 슬픔이 변하여 내게 춤이 되게 하시며 나의 베옷을 벗기고 기쁨
으로 띠 띠우셨나이다

30:12 이는 잠잠하지 아니하고 내 영광으로 주를 찬송하게 하심이니 여호와 나의
하나님이여 내가 주께 영원히 감사하리이다

말씀연결 중심내용

삼상 14 하나님이 기뻐하시는 삶은 하나님의 승리를 믿는 삶입니다. 수많은 대적으로 인해 두려워하지 않으며, 하나님의 함께하심을 바라보는 삶이 **하나님의 뜻**입니다. 요나단은 블레셋 군사의 많음으로 인해 두려워하지 않았습니다. 하나님의 승리를 경험할 수 있었습니다.

롬 12 우리의 몸을 거룩한 산 제물로 드리는 영적 예배의 삶을 사는 것이 **하나님의 뜻**입니다. 영적 예배의 삶은 악한 이 세상을 본받지 않는 삶이요, 하나님의 기뻐하시고 온전하신 뜻을 분별하고 따라가는 삶입니다.

렘 51 하나님은 세상을 심판하고 죄악된 유다 백성들을 심판하는 도구로 바벨론을 사용하셨습니다. 바벨론은 그 주어진 힘이 하나님이 주신 힘임을 깨닫고 하나님을 의뢰하는 것이 **하나님의 뜻**이었습니다.. 그러나 바벨론은 그 힘이 자신들의 힘이라 착각하고 교만했으며, 헛된 우상을 의뢰했습니다.

시 30 하나님이 기뻐하시는 삶은 하나님을 찬양하는 삶입니다. 곧 하나님이 베푸신 은혜와 구원 속에서 하나님을 찬양함이 마땅하며, **하나님의 뜻**이 찬양임을 깨달아야 합니다.

말씀암송

롬 12:2 너희는 이 □□를 □받지 말고 오직 □□을 □□게 함으로 □□를 받아 하나님의 □하시고 □□하시고 □□하신 □이 무엇인지 □□하도록 하라

말씀묵상

하나님이 뜻하시며 기뻐하시는 삶은 하나님을 의뢰하는 삶입니다. 어리석게 교만하여 하나님의 사명에서 벗어나지 않고, 헛된 힘을 자랑하지 않는 삶입니다.

말씀적용 오늘의 감사

말씀적용

오늘의 감사

믿음으로 감사

소망으로 감사

사랑으로 감사

말씀기도

❶ 하나님만을 절대적으로 의뢰하게 하시고, 교만함으로 하나님을 떠나지 않게 하소서.
❷ 수많은 대적으로 인해 두려워하지 않게 하시고, 함께하시는 하나님과 그 구원을 바라보게 하소서.
❸ 하나님이 베푸신 은혜의 이유를 깨달아 하나님을 찬양하며 감사하는 삶을 살게 하소서.

말씀배경 지식

너희 몸을 하나님이 기뻐하시는 거룩한 산 제물 (롬 12:1)

이 말은 구약에서 나온 것이며, 유대인인 믿는 자들이 여호와께 제사를 드렸다는 것을 우리에게 생각나게 한다. 그러나, 그리스도를 믿는 자들은, 그들 자신 이외에 어떤 것을 드리는 대신, 그들의 몸을 하나님이 기뻐하시는 거룩한 산 제사로 드려야 한다.

235 일차 / 365

8월 23일

진실한 자를 보호하심

사무엘상 15장 | 로마서 13장 | 예레미야 52장 | 시편 31편

사무엘상 15장 | 진실하지 못한 자에 대한 하나님의 버리심

15:19 어찌하여 왕이 여호와의 목소리를 청종하지 아니하고 탈취하기에만 급하여 여호와께서 악하게 여기시는 일을 행하였나이까

15:22 사무엘이 이르되 여호와께서 번제와 다른 제사를 그의 목소리를 청종하는 것을 좋아하심 같이 좋아하시겠나이까 순종이 제사보다 낫고 듣는 것이 숫양의 기름보다 나으니

15:23 이는 거역하는 것은 점치는 죄와 같고 완고한 것은 사신 우상에게 절하는 죄와 같음이라 왕이 여호와의 말씀을 버렸으므로 여호와께서도 왕을 버려 왕이 되지 못하게 하셨나이다 하니

로마서 13장 | 진실로 이웃을 사랑하는 삶은 보호하심

13:3 다스리는 자들은 선한 일에 대하여 두려움이 되지 않고 악한 일에 대하여 되나니 네가 권세를 두려워하지 아니하려느냐 선을 행하라 그리하면 그에게 칭찬을 받으리라

13:8 피차 사랑의 빚 외에는 아무에게든지 아무 빚도 지지 말라 남을 사랑하는 자는 율법을 다 이루었느니라

13:9 간음하지 말라, 살인하지 말라, 도둑질하지 말라, 탐내지 말라 한 것과 그 외에 다른 계명이 있을지라도 네 이웃을 네 자신과 같이 사랑하라 하신 그 말씀 가운데 다 들었느니라

13:10 사랑은 이웃에게 악을 행하지 아니하나니 그러므로 사랑은 율법의 완성이니라

13:11 또한 너희가 이 시기를 알거니와 자다가 깰 때가 벌써 되었으니 이는 이제 우리의 구원이 처음 믿을 때보다 가까웠음이라

13:12 밤이 깊고 낮이 가까웠으니 그러므로 우리가 어둠의 일을 벗고 빛의 갑옷을 입자

13:13 낮에와 같이 단정히 행하고 방탕하거나 술 취하지 말며 음란하거나 호색하지 말며 다투거나 시기하지 말고

13:14 오직 주 예수 그리스도로 옷 입고 정욕을 위하여 육신의 일을 도모하지 말라

오늘의 찬양 | 찬송가 25장 (면류관 벗어서)

면류관 벗어서 주 앞에 드리세 저 천사 기쁜 노래가 온 땅에 퍼지네
내 혼아 깨어서 주 찬송하여라 온 백성 죄를 속하신 만왕의 왕일세

예레미야 52장 | 진실하지 못하면 쫓아내신다

52:2 그가 여호야김의 모든 행위를 본받아 여호와 보시기에 악을 행한지라

52:3 여호와께서 예루살렘과 유다에게 진노하심이 그들을 자기 앞에서 쫓아내시기까지 이르렀더라 시드기야가 바벨론 왕을 배반하니라

52:9 그들이 왕을 사로잡아 그를 하맛 땅 리블라에 있는 바벨론 왕에게로 끌고 가매 그가 시드기야를 심문하니라

52:27 바벨론의 왕이 하맛 땅 리블라에서 다 쳐 죽였더라 이와 같이 유다가 사로잡혀 본국에서 떠났더라

시편 31편 | 여호와께서 진실한 자는 보호하심

31:1 여호와여 내가 주께 피하오니 나를 영원히 부끄럽게 하지 마시고 주의 공의로 나를 건지소서

31:2 내게 귀를 기울여 속히 건지시고 내게 견고한 바위와 구원하는 산성이 되소서

31:14 여호와여 그러하여도 나는 주께 의지하고 말하기를 주는 내 하나님이시라 하였나이다

31:19 주를 두려워하는 자를 위하여 쌓아 두신 은혜 곧 주께 피하는 자를 위하여 인생 앞에 베푸신 은혜가 어찌 그리 큰지요

31:23 너희 모든 성도들아 여호와를 사랑하라 여호와께서 진실한 자를 보호하시고 교만하게 행하는 자에게 엄중히 갚으시느니라

말씀연결 중심내용

삼상 15 하나님은 사무엘을 통해 사울 왕에게 아말렉을 진멸하라는 명령을 내리셨습니다. 그러나 사울 왕은 쓸모없고 값없는 것들은 골라서 진멸했지만, 아각과 그의 양과 소의 가장 좋은 것을 남기고 진멸하기를 즐겨 아니했습니다. 이것을 보게 된 사무엘이 책망하자 사울 왕은 하나님께 제사하기 위해 남겨두었다고 변명했습니다. 이에 대해 사무엘은 사울 왕에게 순종이 제사보다 낫다는 사실과 하나님을 말씀을 버려 불순종한 사울 왕을 **하나님도 버리셨음**을 전했습니다.

롬 13 하나님으로부터 비롯된 세상의 권세를 존중하고 존경하며 따라야 할 것과, **이웃을 사랑**하며 악을 행하지 아니해야 하는 것, 그리고 신앙인으로 단정하고 모범적이어야 함을 말씀하고 있습니다. 하나님을 향한 사랑과 순종을 세상에서 이웃을 향한 사랑과 모범된 삶으로 살아가면 하나님이 보호하십니다.

렘 52 하나님 앞에서 악을 행하며 돌이키지 않는 자들도 하나님이 심판하시며 쫓아내십니다. 시드기야 왕을 비롯한 유다 백성들이 악을 행하고, 그 행위를 돌이키지 않아 결국 하나님의 진노하심으로 **심판**받고 **쫓겨날 수밖에 없었음**을 말씀하고 있습니다.

시 31 하나님을 피난처로 두고 하나님의 은혜를 구하는 자는 하나님께서 돌보십니다. 구원의 간구를 외면하지 않으십니다. 교만한 자는 엄중히 심판 하시지만 하나님을 **진실하게** 사랑하는 자는 **보호**하십니다.

말씀암송

롬 13:8 피차 ☐☐의 ☐ 외에는 아무에게든지 아무 ☐도 지지 말라 남을 ☐☐하는 자는 ☐☐을 다 이루었느니라

말씀묵상

하나님을 피난처로 삼고 진실하게 사랑하며 그 은혜 안에 거하는 사람은 하나님의 보호하심 안에 거하지만, 하나님의 말씀을 가벼이 여기고 불순종하며, 그 죄악을 그치지 않는 사람은 하나님의 진노와 심판 아래 거할 수밖에 없습니다. 무엇보다 하나님을 진실하게 사랑하며, 그 사랑으로 말씀 안에 거하는 것이 중요합니다.

말씀적용 오늘의 감사

말씀적용

오늘의 감사

믿음으로 감사

소망으로 감사

사랑으로 감사

말씀기도

❶ 욕심을 버리고 하나님의 말씀에 철저히 순종하는 삶을 살게 하소서.
❷ 진실함과 하나님 사랑의 삶으로 보호하심의 은혜를 누리게 하소서.
❸ 하나님을 향한 사랑과 순종이 이웃을 향한 사랑과 모범된 삶으로 이어지고 나타나게 하소서.

말씀배경 지식

여호야김
(렘 52:2)

요시야 왕 사후(死後) 석달 후에 왕위에 올랐다. 여호야김은 배교자로, 자기 부친이 근절(根絶)했던 이교(異敎)적 관습을 부활시켰다. 따라서, 예레미야에게는 그에 대해 선한 말을 할 근거가 없었다. 그는, 11년을 통치하였다(B.C. 609-598).

시드기야
(렘 52:3)

유다의 마지막 통치자였다. 그는 왕이라 불리긴 했어도, 자기 조카 여호야긴의 대리로 통치한 섭정인(攝政人)에 불과한 듯하다.

236 일차 365

8월 24일

더 중요함

사무엘상 16장 | 로마서 14장 | 예레미야애가 1장 | 시편 32편

사무엘상 16장 | 하나님의 판단이 더 중요함

16:1 여호와께서 사무엘에게 이르시되 내가 이미 사울을 버려 이스라엘 왕이 되
지 못하게 하였거늘 네가 그를 위하여 언제까지 슬퍼하겠느냐 너는 뿔에 기름을
채워 가지고 가라 내가 너를 베들레헴 사람 이새에게로 보내리니 이는 내가 그의
아들 중에서 한 왕을 보았느니라 하시는지라

16:7 여호와께서 사무엘에게 이르시되 그의 용모와 키를 보지 말라 내가 이미 그
를 버렸노라 내가 보는 것은 사람과 같지 아니하니 사람은 외모를 보거니와 나
여호와는 중심을 보느니라 하시더라

16:8 이새가 아비나답을 불러 사무엘 앞을 지나가게 하매 사무엘이 이르되 이도
여호와께서 택하지 아니하셨느니라 하니

16:12 이에 사람을 보내어 그를 데려오매 그의 빛이 붉고 눈이 빼어나고 얼굴이
아름답더라 여호와께서 이르시되 이가 그니 일어나 기름을 부으라 하시는지라

16:13 사무엘이 기름 뿔병을 가져다가 그의 형제 중에서 그에게 부었더니 이 날
이후로 다윗이 여호와의 영에게 크게 감동되니라 사무엘이 떠나서 라마로 가니
라

로마서 14장 | 주를 위한 삶이 더 중요함

14:3 먹는 자는 먹지 않는 자를 업신여기지 말고 먹지 않는 자는 먹는 자를 비판
하지 말라 이는 하나님이 그를 받으셨음이라

14:6 날을 중히 여기는 자도 주를 위하여 중히 여기고 먹는 자도 주를 위하여 먹
으니 이는 하나님께 감사함이요 먹지 않는 자도 주를 위하여 먹지 아니하며 하나
님께 감사하느니라

14:8 우리가 살아도 주를 위하여 살고 죽어도 주를 위하여 죽나니 그러므로 사
나 죽으나 우리가 주의 것이로다

14:9 이를 위하여 그리스도께서 죽었다가 다시 살아나셨으니 곧 죽은 자와 산
자의 주가 되려 하심이라

14:23 의심하고 먹는 자는 정죄되었나니 이는 믿음을 따라 하지 아니하였기 때
문이라 믿음을 따라 하지 아니하는 것은 다 죄니라

오늘의 찬양 | 찬송가 440장 (어디든지 예수 나를 이끌면)

어디든지 예수 나를 이끌면 어디든지 예수 함께 가려네 예수 함께 아니 가면 낙 없고
예수님과 동행하면 겁 없네 어디를 가든지 겁낼 것 없네 어디든지 예수 함께 가려네

예레미야애가1장 | 오늘의 영광이 더 중요함

1:1 슬프다 이 성이여 전에는 사람들이 많더니 이제는 어찌 그리 적막하게 앉았
는고 전에는 열국 중에 크던 자가 이제는 과부 같이 되었고 전에는 열방 중에 공
주였던 자가 이제는 강제 노동을 하는 자가 되었도다

1:8 예루살렘이 크게 범죄함으로 조소거리가 되었으니 전에 그에게 영광을 돌리
던 모든 사람이 그의 벗었음을 보고 업신여김이여 그는 탄식하며 물러가는도다

1:18 여호와는 의로우시도다 그러나 내가 그의 명령을 거역하였도다 너희 모든
백성들아 내 말을 듣고 내 고통을 볼지어다 나의 처녀들과 나의 청년들이 사로잡
혀 갔도다

1:19 내가 내 사랑하는 자들을 불렀으나 그들은 나를 속였으며 나의 제사장들과
장로들은 그들의 목숨을 회복시킬 그들의 양식을 구하다가 성 가운데에서 기절
하였도다

1:20 여호와여 보시옵소서 내가 환난을 당하여 나의 애를 다 태우고 나의 마음
이 상하오니 나의 반역이 심히 큼이니이다 밖에서는 칼이 내 아들을 빼앗아 가고
집 안에서는 죽음 같은 것이 있나이다

1:21 그들이 내가 탄식하는 것을 들었으나 나를 위로하는 자가 없으며 나의 모든
원수들은 내가 재난 당하는 것을 듣고 주께서 이렇게 행하신 것을 기뻐하나이다
그러나 주께서 그 선포하신 날을 이르게 하셔서 그들이 나와 같이 되게 하소서

시편 32편 | 죄사함이 더 중요함

32:1 허물의 사함을 받고 자신의 죄가 가려진 자는 복이 있도다

32:2 마음에 간사함이 없고 여호와께 정죄를 당하지 아니하는 자는 복이 있도다

32:5 내가 이르기를 내 허물을 여호와께 자복하리라 하고 주께 내 죄를 아뢰고 내
죄악을 숨기지 아니하였더니 곧 주께서 내 죄악을 사하셨나이다

32:7 주는 나의 은신처이오니 환난에서 나를 보호하시고 구원의 노래로 나를 두르
시리이다

32:10 악인에게는 많은 슬픔이 있으나 여호와를 신뢰하는 자에게는 인자하심이
두르리로다

32:11 너희 의인들아 여호와를 기뻐하며 즐거워할지어다 마음이 정직한 너희들아
다 즐거이 외칠지어다

말씀연결 중심내용

삼상 16 사무엘은 사울 왕의 불순종으로 인해 상심하며 슬퍼했습니다. 하지만 사울 왕이라는 과거가 아니라 **하나님이 선택하신** 새 왕 그리고 그를 통한 내일을 바라봐야 하는 것이 **더 중요하다**는 것입니다. 또한 하나님이 선택하시는 기준을 통해서도 무엇이 더 중요한지 알 수 있습니다. 하나님은 외모가 아닌 중심을 보신다는 것입니다. 하나님을 사랑하는 마음이라는 것입니다.

롬 14 무엇을 먹고 또 먹지 말아야 하느냐 하는 구별보다, 그 먹는 것이 죄냐 아니냐 논쟁하며 비판하고 정죄하는 것보다, 믿음의 형제 안에 서로 품고 이해하는 것이 더 중요하고 **주를 위해 살아가는 삶**이 **더 중요하다**는 것입니다.

애 1 유다가 범죄함으로 그 모든 영광을 잃어버렸습니다. 이전에 아무리 하나님이 함께하시고 그 속에서 큰 영광을 누렸다 할지라도, 오늘 하나님이 떠나시고 그 영광을 잃어버리면 헛됨을 깨달아야 합니다. 과거의 영광으로 잃어버리지 않고 **오늘과 내일로 이어가는 것**이 **더 중요**합니다.

시 32 세상에서 풍성함과 형통의 복을 누리는 것도 중요하지만, **죄 사함**의 은혜를 누리고 진실한 삶을 통해 정죄함을 받지 않고 구원의 자리에 서는 것은 **더 중요**합니다.

말씀암송

롬 14:8 우리가 살아도 [ ]를 위하여 [ ][ ] 죽어도 주를 위하여 죽나니 그러므로 [ ][ ] [ ][ ][ ] 우리가 [ ]의 것이로다

말씀묵상

무엇이 더 중요합니까? 내 감정과 내 판단보다 하나님의 뜻과 판단이 더 중요합니다. 끝까지 하나님 편에 서 하나님의 은혜를 구하는 것이 중요합니다. 또한 주를 위한 삶이 더 중요합니다. 끝까지 하나님 편에 서 하나님의 은혜를 구하는 것이 중요합니다.

말씀적용 오늘의 감사

말씀적용

오늘의 감사

믿음으로 감사

소망으로 감사

사랑으로 감사

말씀기도

❶ 욕심을 버리고 하나님의 말씀에 철저히 순종하는 삶을 살게 하소서.
❷ 진실함과 하나님 사랑의 삶으로 보호하심의 은혜를 누리게 하소서.
❸ 하나님을 향한 사랑과 순종이 이웃을 향한 사랑과 모범된 삶으로 이어지고 나타나게 하소서.

말씀배경 지식

어찌 그리 적막하게 앉았는고(애 1:1)

열방 중에 공주 유다는 이제 더 이상 열방 중의 공주가 아니라, 자기 자녀들을 여의고 자기 친구들과 동맹들에게 배반당하여, 비통하게 우는 과부에 불과하다. 그를 위로해 줄 자가 아무도 없어 쓸쓸하고 비참하다.

237 일차 365

8월 25일

승리는 하나님께 있음

사무엘상 17장 | 로마서 15장 | 예레미야애가 2장 | 시편 33편

사무엘상 17장 | 승리는 하나님께 있음

17:45 다윗이 블레셋 사람에게 이르되 너는 칼과 창과 단창으로 내게 나아 오거
니와 나는 만군의 여호와의 이름 곧 네가 모욕하는 이스라엘 군대의 하나님의 이
름으로 네게 나아가노라

17:46 오늘 여호와께서 너를 내 손에 넘기시리니 내가 너를 쳐서 네 목을 베고
블레셋 군대의 시체를 오늘 공중의 새와 땅의 들짐승에게 주어 온 땅으로 이스라
엘에 하나님이 계신 줄 알게 하겠고

17:47 또 여호와의 구원하심이 칼과 창에 있지 아니함을 이 무리에게 알게 하리
라 전쟁은 여호와께 속한 것인즉 그가 너희를 우리 손에 넘기시리라

17:50 다윗이 이같이 물매와 돌로 블레셋 사람을 이기고 그를 쳐죽였으나 자기
손에는 칼이 없었더라

17:51 다윗이 달려가서 블레셋 사람을 밟고 그의 칼을 그 칼 집에서 빼내어 그
칼로 그를 죽이고 그의 머리를 베니 블레셋 사람들이 자기 용사의 죽음을 보고
도망하는지라

로마서 15장 | 겸손한 자에게 주시는 승리

15:7 그러므로 그리스도께서 우리를 받아 하나님께 영광을 돌리심과 같이 너희
도 서로 받으라

15:11 또 모든 열방들아 주를 찬양하며 모든 백성들아 그를 찬송하라 하였으며

15:13 소망의 하나님이 모든 기쁨과 평강을 믿음 안에서 너희에게 충만하게 하
사 성령의 능력으로 소망이 넘치게 하시기를 원하노라

15:18 그리스도께서 이방인들을 순종하게 하기 위하여 나를 통하여 역사하신
것 외에는 내가 감히 말하지 아니하노라 그 일은 말과 행위로

15:19 표적과 기사의 능력으로 성령의 능력으로 이루어졌으며 그리하여 내가
예루살렘으로부터 두루 행하여 일루리곤까지 그리스도의 복음을 편만하게 전하
였노라

오늘의 찬양 | 찬송가 219장 (주 하나님의 사랑은)

주 하나님의 사랑은 한 없이 넓으사 온 세상 모든 백성을 그 자녀 삼았네
각 나라 말과 역사가 다 다르더라도 온 세상 사람 믿으니 한 형제 자매라

예레미야애가 2장 | 원수같이 되면 패배와 멸망을 당함

2:1 슬프다 주께서 어찌 그리 진노하사 딸 시온을 구름으로 덮으셨는가 이스라
엘의 아름다움을 하늘에서 땅에 던지셨음이여 그의 진노의 날에 그의 발판을 기
억하지 아니하셨도다

2:5 주께서 원수 같이 되어 이스라엘을 삼키셨음이여 그 모든 궁궐들을 삼키셨
고 견고한 성들을 무너뜨리사 딸 유다에 근심과 애통을 더하셨도다

2:15 모든 지나가는 자들이 다 너를 향하여 박수치며 딸 예루살렘을 향하여 비웃
고 머리를 흔들며 말하기를 온전한 영광이라, 모든 세상 사람들의 기쁨이라 일컫
던 성이 이 성이냐 하며

2:16 네 모든 원수들은 너를 향하여 그들의 입을 벌리며 비웃고 이를 갈며 말하기
를 우리가 그를 삼켰도다 우리가 바라던 날이 과연 이 날이라 우리가 얻기도 하고
보기도 하였다 하도다

2:17 여호와께서 이미 정하신 일을 행하시고 옛날에 명령하신 말씀을 다 이루셨
음이여 긍휼히 여기지 아니하시고 무너뜨리사 원수가 너로 말미암아 즐거워하게
하며 네 대적자들의 뿔로 높이 들리게 하셨도다

2:18 그들의 마음이 주를 향하여 부르짖기를 딸 시온의 성벽아 너는 밤낮으로 눈
물을 강처럼 흘릴지어다 스스로 쉬지 말고 네 눈동자를 쉬게 하지 말지어다

시편 33편 | 하나님과 한편 되면 우리가 승리함

33:4 여호와의 말씀은 정직하며 그가 행하시는 일은 다 진실하시도다

33:10 여호와께서 나라들의 계획을 폐하시며 민족들의 사상을 무효하게 하시도다

33:11 여호와의 계획은 영원히 서고 그의 생각은 대대에 이르리로다

33:12 여호와를 자기 하나님으로 삼은 나라 곧 하나님의 기업으로 선택된 백성은
복이 있도다

33:16 많은 군대로 구원 얻은 왕이 없으며 용사가 힘이 세어도 스스로 구원하지 못
하는도다

33:17 구원하는 데에 군마는 헛되며 군대가 많다 하여도 능히 구하지 못하는도다

33:20 우리 영혼이 여호와를 바람이여 그는 우리의 도움과 방패시로다

말씀연결 중심내용

삼상 17 다윗은 칼과 창과 단창을 앞세운 골리앗에 하나님의 이름을 앞세워 싸웠습니다. 승리케 하심이 칼과 창에 있지 않으며 하나님께 있다는 사실을 모든 사람에게 알게 하겠다고 외쳤고, 그 외침대로 골리앗을 물리치고 **하나님이 주시는 승리**를 경험했습니다.

롬 15 바울은 자신이 수고와 노력을 자랑하지 않았습니다. 복음의 열매들이 오직 주의 역사와 성령의 능력으로 이루어졌다고 고백했습니다. 바울은 교만함으로 넘어지지 않았고, 절대적으로 **주님**과 **성령**을 **앞세움으로 승리**의 사역을 이루어 갔습니다.

애 2 하나님이 우리의 반대 편에 계실 때, 곧 우리의 **원수** 같이 되실 때, **패배**와 **멸망**을 겪을 수밖에 없습니다. 죄악된 유다를 향해 하나님께서 원수같이 되어 진노하시며 심판하셨음을 말씀하고 있습니다.

시 33 다윗은 하나님을 자기 하나님으로 삼은 나라 곧 하나님의 기업으로 선택된 백성이 복이 있다고 고백했습니다. 우리의 앞에서 **하나님이 싸우실 때**, 우리가 **승리**함을 누릴 수 있습니다.

말씀암송

시 33:12 ☐☐☐를 자기 ☐☐☐으로 삼은 ☐☐ 곧 하나님의 ☐☐으로 선택된 ☐☐은 ☐이 있도다

말씀묵상

우리는 하나님 편에 서야 합니다. 하나님이 우리의 반대 편에 서지 않도록 우리의 죄악을 끊어버려야 합니다. 하나님의 말씀을 통해 죄에서 돌이켜야 하고 무엇보다 교만함을 버려야 합니다. 교만하여 하나님이 주신 승리와 역사를 내가 한 것으로 자랑하고 넘어지지 말아야 하고, 내가 앞장 서지 말아야 합니다.

말씀적용 오늘의 감사

말씀적용

오늘의 감사

믿음으로 감사

소망으로 감사

사랑으로 감사

말씀기도

❶ 절대적으로 하나님을 의지하며 앞세우게 하소서.
❷ 하나님을 기업으로 삼고 그 은혜 안에 거하여 하나님과 한 편 되게 하시고, 하나님을 원수로 맞이하지 않게 하소서.
❸ 교만함으로 주님이 아닌 내가 앞서지 않게 하시고 겸손함으로 주님을 앞세워 승리의 사역을 이루어가게 하소서.

말씀배경 지식

순종 (롬 15:18)

바울은 그리스도께서 그를 통해 말과 행실로, 표적과 기사의 능력으로, 그리고 성령의 능력으로 성취하셨던 것을 자랑했다. 그의 목표는 이방인들의 순종이었다. 그러나, 이방인들은 그 때에도 순종하고 있었다. 바울은 예루살렘에서 일루리곤까지 멀리 뻗어 있는 자신의 영토를 바라보았다(일루리곤은, 달마디아라고도 불리우는 아드리아 해의 동부 해안을 따라 뻗어 있는 마게도냐 위쪽의 로마의 성으로서, 오늘날의 유고슬라비아이다).

238 일차/365

8월 26일

두려움

사무엘상 18장 | 로마서 16장 | 예레미야애가 3장 | 시편 34편

사무엘상 18장 | 두려움을 주는 삶

18:12 여호와께서 사울을 떠나 다윗과 함께 계시므로 사울이 그를 두려워한지라

18:14 다윗이 그의 모든 일을 지혜롭게 행하니라 여호와께서 그와 함께 계시니라

18:15 사울은 다윗이 크게 지혜롭게 행함을 보고 그를 두려워하였으나

18:16 온 이스라엘과 유다는 다윗을 사랑하였으니 그가 자기들 앞에 출입하기 때문이었더라

18:25 사울이 이르되 너희는 다윗에게 이같이 말하기를 왕이 아무 것도 원하지 아니하고 다만 왕의 원수의 보복으로 블레셋 사람들의 포피 백 개를 원하신다 하라 하였으니 이는 사울의 생각에 다윗을 블레셋 사람들의 손에 죽게 하리라 함이라

18:28 여호와께서 다윗과 함께 계심을 사울이 보고 알았고 사울의 딸 미갈도 그를 사랑하므로

18:29 사울이 다윗을 더욱더욱 두려워하여 평생에 다윗의 대적이 되니라

18:30 블레셋 사람들의 방백들이 싸우러 나오면 그들이 나올 때마다 다윗이 사울의 모든 신하보다 더 지혜롭게 행하매 이에 그의 이름이 심히 귀하게 되니라

로마서 16장 | 두려움도 막을 수 없는 삶

16:3 너희는 그리스도 예수 안에서 나의 동역자들인 브리스가와 아굴라에게 문안하라

16:4 그들은 내 목숨을 위하여 자기들의 목까지도 내놓았나니 나뿐 아니라 이방인의 모든 교회도 그들에게 감사하느니라

16:19 너희의 순종함이 모든 사람에게 들리는지라 그러므로 내가 너희로 말미암아 기뻐하노니 너희가 선한 데 지혜롭고 악한 데 미련하기를 원하노라

16:26 이제는 나타내신 바 되었으며 영원하신 하나님의 명을 따라 선지자들의 글로 말미암아 모든 민족이 믿어 순종하게 하시려고 알게 하신 바 그 신비의 계시를 따라 된 것이니 이 복음으로 너희를 능히 견고하게 하실

16:27 지혜로우신 하나님께 예수 그리스도로 말미암아 영광이 세세무궁하도록 있을지어다 아멘

오늘의 찬양 | 찬송가 604장 (완전한 사랑)

완전한 사랑 하나님의 사랑 다함이 없는 사랑에 겨워
둘 한 몸 되어 보람 있게 살라 손 모아 주님 앞에 빕니다

예레미야애가 3장 | 두려움을 이기는 삶

3:22 여호와의 인자와 긍휼이 무궁하시므로 우리가 진멸되지 아니함이니이다

3:23 이것들이 아침마다 새로우니 주의 성실하심이 크시도소이다

3:24 내 심령에 이르기를 여호와는 나의 기업이시니 그러므로 내가 그를 바라리라 하도다

3:25 기다리는 자들에게나 구하는 영혼들에게 여호와는 선하시도다

3:53 그들이 내 생명을 끊으려고 나를 구덩이에 넣고 그 위에 돌을 던짐이여

3:54 물이 내 머리 위로 넘치니 내가 스스로 이르기를 이제는 멸절되었다 하도다

3:55 여호와여 내가 심히 깊은 구덩이에서 주의 이름을 불렀나이다

3:57 내가 주께 아뢴 날에 주께서 내게 가까이 하여 이르시되 두려워하지 말라 하셨나이다

시편 34편 | 두려움을 바꾸는 삶

34:2 내 영혼이 여호와를 자랑하리니 곤고한 자들이 이를 듣고 기뻐하리로다

34:3 나와 함께 여호와를 광대하시다 하며 함께 그의 이름을 높이세

34:4 내가 여호와께 간구하매 내게 응답하시고 내 모든 두려움에서 나를 건지셨도다

34:6 이 곤고한 자가 부르짖으매 여호와께서 들으시고 그의 모든 환난에서 구원하셨도다

34:10 젊은 사자는 궁핍하여 주릴지라도 여호와를 찾는 자는 모든 좋은 것에 부족함이 없으리로다

34:15 여호와의 눈은 의인을 향하시고 그의 귀는 그들의 부르짖음에 기울이시는도다

34:17 의인이 부르짖으매 여호와께서 들으시고 그들의 모든 환난에서 건지셨도다

34:18 여호와는 마음이 상한 자를 가까이 하시고 충심으로 통회하는 자를 구원하시는도다

말씀연결 중심내용

삼상 18 불순종과 죄악으로 인해 하나님이 떠난 사울에게는 하나님이 함께하심으로 인해 형통하며 사람들의 사랑을 받는 다윗이 두려움의 대상이 됩니다. 하나님과 함께하는 삶은 사람들에게 **두려움을 주는 삶**을 살게 합니다.

롬 16 브리스길라와 아굴라는 바울의 동역자로서 바울이 전하는 복음을 사명으로 받아 예수 그리스도를 위해 그 목숨도 아끼워하지 않았습니다. 그 죽음의 **두려움**도 결코 이들을 **막아설 수 없었습니다.**

애 3 대적들이 예레미야의 생명을 끊으려고 구덩이에 넣었습니다. 깊은 구덩이에 빠져 예레미야는 죽음의 위기를 맞았고, 두려울 수밖에 없었습니다. 도움을 구하는 예레미야에게 하나님은 가까이 계셨고, 두려워하지 말라 위로하며 힘을 주셨습니다. 그는 **두려움을 이길 수** 있었습니다.

시 34 다윗이 블레셋의 아비멜렉 앞에서 죽을 위기에 처했다가 미친 체하여 생명을 구했습니다. 환난과 두려움의 상황에서 다윗은 하나님께 간구했고, 하나님이 그 모든 **두려움**에서 **건지셨습니다.** 그 모든 환난에서 구원하셨다는 것입니다.

말씀암송

삼상 18:12 □□□께서 □□을 떠나 □□과 함께 계시므로 사울이 그를 □□□한지라

말씀묵상

하나님과 함께하는 삶은 두려움을 이기게 합니다. 큰 위기와 환난, 생명의 위협으로 두려워할 수밖에 없는 상황에서 함께하시는 하나님이 위로하시고 힘을 주시기 때문입니다. 또한 두려움을 바꿉니다. 함께하시는 하나님이 그 삶을 인도하시고 지키시니 하나님 없이 살아가는 사람에게는 두려움이 됩니다.

말씀적용 오늘의 감사

말씀적용

오늘의 감사

믿음으로 감사

소망으로 감사

사랑으로 감사

말씀기도

❶ 어떤 환난과 위기 속에서도 함께하시는 하나님을 기억하며 기도하게 하시고, 두려움을 이기는 삶을 살게 하소서.
❷ 함께 하시는 하나님과 그 주신 사명을 붙들고 죽음의 두려움도 이기는 삶을 살게 하소서.
❸ 함께 하시는 하나님으로 인해 세상이 두려워하는 사람이 되게 하소서.

말씀배경 지식

브리스가와 아굴라(롬 16:3)

바울이 두 번째 전도 여행 도중 고린도에서 그들을 만난 이후 계속해서 그들은 하나님을 섬기는 일을 열심히 해왔다. 그들이 바울의 목숨을 위해 얼마나 생명의 위험을 무릅썼는지 그는 말하지 않는다. 그러나 바울뿐만 아니라 이방인들의 모든 교회도 그들에게 감사했다는 사실은 그리스도를 위한 그들의 노력의 정도를 나타낸다.

239 일차 365

8월 27일

고난을 통하여 베푸시는 은혜

사무엘상 19장 | 고린도전서 1장 | 예레미야애가 4장 | 시편 35편

사무엘상 19장 | 까닭없이 겪는 고난

19:1 사울이 그의 아들 요나단과 그의 모든 신하에게 다윗을 죽이라 말하였더니 사울의 아들 요나단이 다윗을 심히 좋아하므로

19:5 사울이 또 전령들을 보내어 다윗을 보라 하며 이르되 그를 침상째 내게로 들고 오라 내가 그를 죽이리라

19:6 사울이 요나단의 말을 듣고 맹세하되 여호와께서 살아 계심을 두고 맹세하거니와 그가 죽임을 당하지 아니하리라

19:8 전쟁이 다시 있으므로 다윗이 나가서 블레셋 사람들과 싸워 그들을 크게 쳐 죽이매 그들이 그 앞에서 도망하니라

19:9 사울이 손에 단창을 가지고 그의 집에 앉았을 때에 여호와께서 부리시는 악령이 사울에게 접하였으므로 다윗이 손으로 수금을 탈 때에

19:10 사울이 단창으로 다윗을 벽에 박으려 하였으나 그는 사울의 앞을 피하고 사울의 창은 벽에 박힌지라 다윗이 그 밤에 도피하매

고린도전서 1장 | 하나님께 있는 지혜와 능력

1:17 그리스도께서 나를 보내심은 세례를 베풀게 하려 하심이 아니요 오직 복음을 전하게 하려 하심이로되 말의 지혜로 하지 아니함은 그리스도의 십자가가 헛되지 않게 하려 함이라

1:18 십자가의 도가 멸망하는 자들에게는 미련한 것이요 구원을 받는 우리에게는 하나님의 능력이라

1:21 하나님의 지혜에 있어서는 이 세상이 자기 지혜로 하나님을 알지 못하므로 하나님께서 전도의 미련한 것으로 믿는 자들을 구원하시기를 기뻐하셨도다

1:24 오직 부르심을 받은 자들에게는 유대인이나 헬라인이나 그리스도는 하나님의 능력이요 하나님의 지혜니라

1:25 하나님의 어리석음이 사람보다 지혜롭고 하나님의 약하심이 사람보다 강하니라

1:27 그러나 하나님께서 세상의 미련한 것들을 택하사 지혜 있는 자들을 부끄럽게 하려 하시고 세상의 약한 것들을 택하사 강한 것들을 부끄럽게 하려 하시며

오늘의 찬양 | 찬송가 70장 (피난처 있으니)

피난처 있으니 환난을 당한 자 이리 오라
땅들이 변하고 물결이 일어나 산 위에 넘치되 두렵잖네

예레미야애가 4장 | 헛된 도움을 바라지 말아야 함

4:7 전에는 존귀한 자들의 몸이 눈보다 깨끗하고 젖보다 희며 산호들보다 붉어 그들의 윤택함이 갈아서 빛낸 청옥 같더니

4:8 이제는 그들의 얼굴이 숯보다 검고 그들의 가죽이 뼈들에 붙어 막대기 같이 말랐으니 어느 거리에서든지 알아볼 사람이 없도다

4:17 우리가 헛되이 도움을 바라므로 우리의 눈이 상함이여 우리를 구원하지 못할 나라를 바라보고 바라보았도다

4:22 딸 시온아 네 죄악의 형벌이 다하였으니 주께서 다시는 너로 사로잡혀 가지 아니하게 하시리로다 딸 에돔아 주께서 네 죄악을 벌하시며 네 허물을 드러내시리로다

시편 35편 | 고난 중에 드리는 기도

35:1 여호와여 나와 다투는 자와 다투시고 나와 싸우는 자와 싸우소서

35:2 방패와 손 방패를 잡으시고 일어나 나를 도우소서

35:7 그들이 까닭 없이 나를 잡으려고 그들의 그물을 웅덩이에 숨기며 까닭 없이 내 생명을 해하려고 함정을 팠사오니

35:13 나는 그들이 병 들었을 때에 굵은 베 옷을 입으며 금식하여 내 영혼을 괴롭게 하였더니 내 기도가 내 품으로 돌아왔도다

35:15 그러나 내가 넘어지매 그들이 기뻐하여 서로 모임이여 불량배가 내가 알지 못하는 중에 모여서 나를 치며 찢기를 마지아니하도다

35:16 그들은 연회에서 망령되이 조롱하는 자 같이 나를 향하여 그들의 이를 갈도다

35:17 주여 어느 때까지 관망하시려 하나이까 내 영혼을 저 멸망자에게서 구원하시며 내 유일한 것을 사자들에게서 건지소서

35:18 내가 대회 중에서 주께 감사하며 많은 백성 중에서 주를 찬송하리이다

35:23 나의 하나님, 나의 주여 떨치고 깨셔서 나를 공판하시며 나의 송사를 다스리소서

35:24 여호와 나의 하나님이여 주의 공의대로 나를 판단하사 그들이 나로 말미암아 기뻐하지 못하게 하소서

말씀연결 중심내용

삼상 19 다윗은 이유 없이 사울의 시기로 환난과 어려움을 겪어야 했습니다. 요나단의 변호로 한차례 위험을 피했지만, 다시 악령에 사로잡힌 사울의 공격으로 다윗은 생명의 위기를 겪어야 했고, 가까스로 위기를 모면하고 **고난을 통하여** 베푸시는 **은혜**를 경험합니다.

고전 1 겸손함으로 하나님을 의지할 때, 하나님의 **지혜**와 **능력**이 우리에게 **은혜**로 나타나 우리의 문제와 고난을 평안과 승리로 바꾸게 됩니다. 따라서 고난 중에 하나님께 기도하며 하나님의 지혜와 능력을 믿고 의지하는 것이 삶에서 표현 되어야 합니다

애 4 예루살렘의 멸망은 그 백성들의 죄로 인한 하나님의 심판이었습니다. 애굽을 바라보고 거기에 소망을 둘 것이 아니라, 오직 하나님께 소망을 두고 하나님께 돌아와야 했습니다. 모든 죄를 회개하고 용서를 구하며 **하나님을 의지**해야 베푸시는 은혜를 체험합니다.

시 35 다윗은 큰 고통과 분노에 직면해야 했습니다. 그러나 다윗은 이 고난과 아픔을 **기도**로 풀어가며 이겨갔습니다. 하나님의 도우심을 구하고 맡김으로 환난으로 인해 넘어지지 않았습니다.

말씀암송

고전 1:25 하나님의 ☐☐☐☐이 사람보다 ☐☐☐☐ 하나님의 ☐☐☐이 사람보다 ☐하니라

말씀묵상

하나님의 어리석음이 사람보다 지혜롭고 하나님의 약하심이 사람보다 강합니다. 하나님은 세상의 미련한 것과 약한 것을 택하여 지혜 있는 자들과 강한 자들을 부끄럽게 하신다고 말씀합니다.

말씀적용 오늘의 감사

말씀적용

오늘의 감사

믿음으로 감사

소망으로 감사

사랑으로 감사

말씀기도

❶ 까닭 없이 고난을 겪는다고 억울함과 불평으로 넘어질 것이 아니라 그 모든 것을 주님이 보고 계시고 또 반드시 도우심을 믿고 기도함으로 이겨가게 하소서.

❷ 헛된 도움을 구하고 헛된 소망을 갖지 않게 하시고, 오직 하나님만 바라보고 하나님께 소망을 두게 하소서.

❸ 겸손함으로 하나님을 의지함으로 하나님의 지혜와 능력이 우리의 삶에 지혜요 능력 되게 하소서.

말씀배경 지식

나와 다투는 자와 다투시고 (시 35:1)

전쟁 용어로 시편 기자는 자신의 정당함을 간청한다. 그는 자기 원수들이 완전히 패퇴당하고, 수치를 당하며, 자신들이 판웅덩이에 빠지게 해달라고 간구함으로써 자신의 보복심을 표현한다. 그는 이 단락을, 자신은 주 안에서 실로 기뻐하리라고 서원함으로써 끝맺는다.

주 안에 있는 소망

8월 28일

사무엘상 20장 | 고린도전서 2장 | 예레미야애가 5장 | 시편 36편

사무엘상 20장 | 주 안에서 나누는 우정과 소망

20:3 다윗이 또 맹세하여 이르되 내가 네게 은혜 받은 줄을 네 아버지께서 밝히
알고 스스로 이르기를 요나단이 슬퍼할까 두려운즉 그에게 이것을 알리지 아니
하리라 함이니라 그러나 진실로 여호와의 살아 계심과 네 생명을 두고 맹세하노
니 나와 죽음의 사이는 한 걸음 뿐이니라

20:4 요나단이 다윗에게 이르되 네 마음의 소원이 무엇이든지 내가 너를 위하여
그것을 이루리라

20:17 다윗에 대한 요나단의 사랑이 그를 다시 맹세하게 하였으니 이는 자기 생
명을 사랑함 같이 그를 사랑함이었더라

20:33 사울이 요나단에게 단창을 던져 죽이려 한지라 요나단이 그의 아버지가
다윗을 죽이기로 결심한 줄 알고

20:34 심히 노하여 식탁에서 떠나고 그 달의 둘째 날에는 먹지 아니하였으니 이
는 그의 아버지가 다윗을 욕되게 하였으므로 다윗을 위하여 슬퍼함이었더라

고린도전서 2장 | 성령 나타나심의 소망

2:4 내 말과 내 전도함이 설득력 있는 지혜의 말로 하지 아니하고 다만 성령의
나타나심과 능력으로 하여

2:5 너희 믿음이 사람의 지혜에 있지 아니하고 다만 하나님의 능력에 있게 하려
하였노라

2:7 오직 은밀한 가운데 있는 하나님의 지혜를 말하는 것으로서 곧 감추어졌던
것인데 하나님이 우리의 영광을 위하여 만세 전에 미리 정하신 것이라

2:9 기록된 바 하나님이 자기를 사랑하는 자들을 위하여 예비하신 모든 것은 눈
으로 보지 못하고 귀로 듣지 못하고 사람의 마음으로 생각하지도 못하였다 함과
같으니라

2:10 오직 하나님이 성령으로 이것을 우리에게 보이셨으니 성령은 모든 것 곧
하나님의 깊은 것까지도 통달하시느니라

2:11 사람의 일을 사람의 속에 있는 영 외에 누가 알리요 이와 같이 하나님의 일
도 하나님의 영 외에는 아무도 알지 못하느니라

오늘의 찬양 | 찬송가 221장 (주 믿는 형제들)

주 믿는 형제들 사랑의 사귐은 천국의 교제 같으니 참 좋은 친교라

예레미야애가 5장 | 주 안에서 바랄 수 있는 소망

5:1 여호와여 우리가 당한 것을 기억하시고 우리가 받은 치욕을 살펴보옵소서

5:15 우리의 마음에는 기쁨이 그쳤고 우리의 춤은 변하여 슬픔이 되었사오며

5:16 우리의 머리에서는 면류관이 떨어졌사오니 오호라 우리의 범죄 때문이니이다

5:19 여호와여 주는 영원히 계시오며 주의 보좌는 대대에 이르나이다

5:20 주께서 어찌하여 우리를 영원히 잊으시오며 우리를 이같이 오래 버리시나이까

5:21 여호와여 우리를 주께로 돌이키소서 그리하시면 우리가 주께로 돌아가겠사오니 우리의 날들을 다시 새롭게 하사 옛적 같게 하옵소서

시편 36편 | 주 안에서 누리는 생명과 풍요의 소망

36:5 여호와여 주의 인자하심이 하늘에 있고 주의 진실하심이 공중에 사무쳤으며

36:6 주의 의는 하나님의 산들과 같고 주의 심판은 큰 바다와 같으니이다 여호와여 주는 사람과 짐승을 구하여 주시나이다

36:7 하나님이여 주의 인자하심이 어찌 그리 보배로우신지요 사람들이 주의 날개 그늘 아래에 피하나이다

36:8 그들이 주의 집에 있는 살진 것으로 풍족할 것이라 주께서 주의 복락의 강물을 마시게 하시리이다

36:9 진실로 생명의 원천이 주께 있사오니 주의 빛 안에서 우리가 빛을 보리이다

36:10 주를 아는 자들에게 주의 인자하심을 계속 베푸시며 마음이 정직한 자에게 주의 공의를 베푸소서

말씀연결 중심내용

삼상 20 다윗이 사울 왕으로 인해 위험에 직면했을 때, 요나단은 마음을 다해 다윗을 도왔습니다. 위험에 직면한 다윗을 외면하지 않았고, **주 안에서** 다윗과 맹세하여 언약하며 온 힘을 다해 그를 도왔습니다. 그를 자기 목숨처럼 **사랑**했습니다. 주님을 향한 한 신앙 안에서 아름다운 우정을 나눈 것입니다.

고전 2 바울은 복음을 지혜의 말로만 전하지 않고 성령의 능력으로 전했습니다. 사람들로 하여금 복음의 능력을 통해 확실한 믿음을 갖도록 하기 위함이었습니다. 여기서 주 안에서 **성령**을 통해 **주의 능력**을 나타낼 수 있고 그 능력을 **소망**하며 경험할 수 있음을 알 수 있습니다.

애 5 예레미야는 다음과 같이 간구했습니다. 주의 은혜로 우리가 주님께 돌이키고 돌아가 새롭게 되고 이전의 아름다웠던 모습으로 회복을 이루기를 간구했습니다. 곧 주 안에 있어야 절망의 상황을 바꾸고 **회복**을 **소망**할 수 있다는 것입니다.

시 36 주의 날개 그늘 아래에 피할 때, 주님의 집에 있는 모든 것이 우리가 누릴 수 있는 축복입니다. 주님을 통해 **풍성함**을 **소망**하며 누리게 됩니다. 그 이유는 생명의 원천이 주님께 있기 때문입니다.

말씀암송

시 36:8 그들이 [ ]의 [ ]에 있는 살진 것으로 [ ][ ]할 것이라 주께서 [ ]의 [ ][ ]의 [ ][ ]을 마시게 하시리이다

말씀묵상

우리는 주 안에서 많은 것을 누리고 나누며 바랄 수 있습니다. 주 안에서 풍요와 생명을 누릴 수 있습니다. 주 안에서 성령을 통해 주의 능력을 나타낼 수 있고 또한 그 능력을 경험할 수 있습니다.

말씀적용 오늘의 감사

말씀적용

오늘의 감사

믿음으로 감사

소망으로 감사

사랑으로 감사

말씀기도

❶ 주 안에서 주님이 주시는 생명과 풍성함의 은혜와 축복을 누리며 살아가게 하소서.
❷ 어떤 환난과 고난 속에서도 주 안에서의 회복을 믿고 소망을 갖게 하소서.
❸ 주 안에서 믿고 사랑하는 서로 도와주는 진실한 사람들이 많아지게 하소서.

말씀배경 지식

우리가 주께로 돌아가겠사오니 (애 5:21)

우리를 회복시키시사 세우소서. 참된 회복의 유일한 원천은 하나님이시다.

241 일차 365

하나님께 맡기면 됩니다

8월 29일

사무엘상 21-22장 | 고린도전서 3장 | 에스겔 1장 | 시편 37편

사무엘상 21-22장 | 하나님이 연단하심

21:3 이제 당신의 수중에 무엇이 있나이까 떡 다섯 덩이나 무엇이나 있는 대로 내 손에 주소서 하니

21:12 다윗이 이 말을 그의 마음에 두고 가드 왕 아기스를 심히 두려워하여

21:13 그들 앞에서 그의 행동을 변하여 미친 체하고 대문짝에 그적거리며 침을 수염에 흘리매

22:1 그러므로 다윗이 그 곳을 떠나 아둘람 굴로 도망하매 그의 형제와 아버지의 온 집이 듣고 그리로 내려가서 그에게 이르렀고

22:2 환난 당한 모든 자와 빚진 모든 자와 마음이 원통한 자가 다 그에게로 모였고 그는 그들의 우두머리가 되었는데 그와 함께 한 자가 사백 명 가량이었더라

21:21 사울이 여호와의 제사장들 죽인 일을 다윗에게 알리매

21:22 다윗이 아비아달에게 이르되 그 날에 에돔 사람 도엑이 거기 있기로 그가 반드시 사울에게 말할 줄 내가 알았노라 네 아버지 집의 모든 사람 죽은 것이 나의 탓이로다

21:23 두려워하지 말고 내게 있으라 내 생명을 찾는 자가 네 생명도 찾는 자니 네가 나와 함께 있으면 안전하리라 하니라

고린도전서 3장 | 하나님이 세우심

3:6 나는 심었고 아볼로는 물을 주었으되 오직 하나님께서 자라나게 하셨나니

3:7 그런즉 심는 이나 물 주는 이는 아무 것도 아니로되 오직 자라게 하시는 이는 하나님뿐이니라

3:9 우리는 하나님의 동역자들이요 너희는 하나님의 밭이요 하나님의 집이니라

3:16 너희는 너희가 하나님의 성전인 것과 하나님의 성령이 너희 안에 계시는 것을 알지 못하느냐

3:17 누구든지 하나님의 성전을 더럽히면 하나님이 그 사람을 멸하시리라 하나님의 성전은 거룩하니 너희도 그러하니라

3:21 그런즉 누구든지 사람을 자랑하지 말라 만물이 다 너희 것임이라

3:23 너희는 그리스도의 것이요 그리스도는 하나님의 것이니라

오늘의 찬양 | 찬송가 408장 (나 어느 곳에 있든지)

나 어느 곳에 있든지 늘 맘이 편하다 주 예수 주신 평안함 늘 충만하도다
나의 맘 속이 늘 평안해 나의 맘 속이 늘 평안해 악한 죄 파도가 많으나 맘이 늘 평안해

에스겔 1장 | 하나님이 힘주심

1:2 여호야긴 왕이 사로잡힌 지 오 년 그 달 초닷새라

1:3 갈대아 땅 그발 강 가에서 여호와의 말씀이 부시의 아들 제사장 나 에스겔에
게 특별히 임하고 여호와의 권능이 내 위에 있으니라

1:27 내가 보니 그 허리 위의 모양은 단 쇠 같아서 그 속과 주위가 불 같고 내가
보니 그 허리 아래의 모양도 불 같아서 사방으로 광채가 나며

1:28 그 사방 광채의 모양은 비 오는 날 구름에 있는 무지개 같으니 이는 여호와
의 영광의 형상의 모양이라 내가 보고 엎드려 말씀하시는 이의 음성을 들으니라

시편 37편 | 하나님께 맡겨야 함

37:5 네 길을 여호와께 맡기라 그를 의지하면 그가 이루시고

37:6 네 의를 빛 같이 나타내시며 네 공의를 정오의 빛 같이 하시리로다

37:18 여호와께서 온전한 자의 날을 아시나니 그들의 기업은 영원하리로다

37:23 여호와께서 사람의 걸음을 정하시고 그의 길을 기뻐하시나니

37:24 그는 넘어지나 아주 엎드러지지 아니함은 여호와께서 그의 손으로 붙드심
이로다

37:27 악에서 떠나 선을 행하라 그리하면 영원히 살리니

37:28 여호와께서 정의를 사랑하시고 그의 성도를 버리지 아니하심이로다 그들은
영원히 보호를 받으나 악인의 자손은 끊어지리로다

37:31 그의 마음에는 하나님의 법이 있으니 그의 걸음은 실족함이 없으리로다

37:34 여호와를 바라고 그의 도를 지키라 그리하면 네가 땅을 차지하게 하실 것이
라 악인이 끊어질 때에 네가 똑똑히 보리로다

말씀연결 중심내용

삼상 21-22 다윗은 사울 왕으로 인해 까닭 없이 고난을 당했습니다. 목숨을 노리는 사울 왕을 피해 아둘람 굴로 도망 했는데, 이 도망자의 삶이 하나님만을 절대적으로 따르는 믿음의 사람이요, 어떤 환난에도 흔들리지 않고 하나님만 믿고 이겨내는 강직한 사람으로 세워지게 했습니다. 이처럼 우리의 모든 삶을 **하나님께 맡기면** 하나님은 고난까지도 유익이 되게 하십니다.

고전 3 고린도교회는 네 개의 분파로 나뉘어 다투고 있었습니다. 바울은 오직 교회를 세우고 자라게 하시는 분은 하나님이심을 강조했습니다. 곧 모든 주권은 하나님께 있고 오직 하나님만 따라야 합니다. 우리의 삶은 오직 **하나님께 맡기고** 따라야 합니다.

겔 1 에스겔은 고난 중에서도 포기하지 않고 하나님께 기도했고, 하나님은 놀라운 권능과 환상을 통해 그를 찾아가 만나 주시고 하나님의 뜻을 보여주셨습니다. 고난 중에도 하나님을 믿고 **하나님께 맡기며** 기다리면 하나님이 찾아와 만나주시고 힘을 주십니다.

시 37 하나님을 의뢰하며 신실하게 의를 따라 살아가면 하나님께서 그 삶을 아름답게 만드시고 찬란하게 빛나게 하십니다. **하나님께 맡기고** 잠잠히 기다리면 하나님의 때에 선한 결과를 나타내 주십니다.

말씀암송

시 37:5 네 [ ]을 여호와께 [ ][ ][ ] 그를 [ ][ ]하면 그가 이루시고

시 37:6 네 [ ]를 [ ] 같이 나타내시며 네 [ ][ ]를 [ ][ ]의 [ ] 같이 하시리로다

말씀묵상

환난 중에도 하나님을 믿고 맡기면, 하나님은 환난을 통해 연단하시고 오히려 환난의 시간을 내일의 승리를 이루는 축복의 시간으로 만들어주십니다. 주님을 통해 생명을 누릴 수 있는데, 생명의 원천이 주님께 있기 때문입니다. 주님이 비춰주시는 생명의 축복을 주 안에서 누리게 됩니다.

말씀적용 오늘의 감사

말씀적용

오늘의 감사

믿음으로 감사

소망으로 감사

사랑으로 감사

말씀기도

❶ 오직 하나님만 바라보고 의의 길을 걸어가게 하소서.
❷ 고난과 환난을 통해 우리를 연단하시며 더 크고 멋지게 세우시는 하나님의 손길을 깨닫게 하소서.
❸ 하나님만을 의지하며 따르게 하셔서 하나님께서 아름답게 세우시는 은혜를 누리게 하소서.

말씀배경 지식

여호와의 권능이 내 위에 있으니라 (겔 1:3)

예언적 엑스타시[ecstasy;흥분의 절정 상태]가 임하는 상황을 묘사하는 표현이다(3:14,22 ; 8:1 ; 33:22 ; 37:1 ; 40:1). 13개의 히브리 사본과 70인역과 수리아 사본과 아람어 역본들은 내 위에라고 되어 있다. 영역 성경은 '그 위에'라고 되어 있다.

242 일차 / 365

8월 30일

바라봄

사무엘상 23장 | 고린도전서 4장 | 에스겔 2장 | 시편 38편

사무엘상 23장 | 주의 명령만 바라봄

23:3 다윗의 사람들이 그에게 이르되 보소서 우리가 유다에 있기도 두렵거든 하물며 그일라에 가서 블레셋 사람들의 군대를 치는 일이리이까 한지라

23:4 다윗이 여호와께 다시 묻자온대 여호와께서 대답하여 이르시되 일어나 그일라로 내려가라 내가 블레셋 사람들을 네 손에 넘기리라 하신지라

23:5 다윗과 그의 사람들이 그일라로 가서 블레셋 사람들과 싸워 그들을 크게 쳐서 죽이고 그들의 가축을 끌어 오니라 다윗이 이와 같이 그일라 주민을 구원하니라

23:10 다윗이 이르되 이스라엘 하나님 여호와여 사울이 나 때문에 이 성읍을 멸하려고 그일라로 내려오기를 꾀한다 함을 주의 종이 분명히 들었나이다

23:11 그일라 사람들이 나를 그의 손에 넘기겠나이까 주의 종이 들은 대로 사울이 내려 오겠나이까 이스라엘의 하나님 여호와여 원하건대 주의 종에게 일러 주옵소서 하니 여호와께서 이르시되 그가 내려오리라 하신지라

23:16 사울의 아들 요나단이 일어나 수풀에 들어가서 다윗에게 이르러 그에게 하나님을 힘 있게 의지하게 하였는데

고린도전서 4장 | 주의 복음만 바라봄

4:6 형제들아 내가 너희를 위하여 이 일에 나와 아볼로를 들어서 본을 보였으니 이는 너희로 하여금 기록된 말씀 밖으로 넘어가지 말라 한 것을 우리에게서 배워 서로 대적하여 교만한 마음을 가지지 말게 하려 함이라

4:10 우리는 그리스도 때문에 어리석으나 너희는 그리스도 안에서 지혜롭고 우리는 약하나 너희는 강하고 너희는 존귀하나 우리는 비천하여

4:11 바로 이 시각까지 우리가 주리고 목마르며 헐벗고 매맞으며 정처가 없고

4:12 또 수고하여 친히 손으로 일을 하며 모욕을 당한즉 축복하고 박해를 받은즉 참고

4:13 비방을 받은즉 권면하니 우리가 지금까지 세상의 더러운 것과 만물의 찌꺼기 같이 되었도다

4:20 하나님의 나라는 말에 있지 아니하고 오직 능력에 있음이라

오늘의 찬양 | 찬송가 189장 (진실하신 주 성령)

진실하신 주 성령 성도 곁에 계시사 순례길을 갈 때에 손을 잡아 주소서
모든 곤한 사람들 기쁜 소식 들으니 성령 말씀 하기를 나를 따라 오너라

에스겔 2장 | 주의 말씀만 바라봄

2:2 그가 내게 말씀하실 때에 그 영이 내게 임하사 나를 일으켜 내 발로 세우시기로 내가 그 말씀하시는 자의 소리를 들으니

2:3 내게 이르시되 인자야 내가 너를 이스라엘 자손 곧 패역한 백성, 나를 배반하는 자에게 보내노라 그들과 그 조상들이 내게 범죄하여 오늘까지 이르렀나니

2:4 이 자손은 얼굴이 뻔뻔하고 마음이 굳은 자니라 내가 너를 그들에게 보내노니 너는 그들에게 이르기를 주 여호와의 말씀이 이러하시다 하라

2:7 그들은 심히 패역한 자라 그들이 듣든지 아니 듣든지 너는 내 말로 고할지어다

2:9 내가 보니 보라 한 손이 나를 향하여 펴지고 보라 그 안에 두루마리 책이 있더라

2:10 그가 그것을 내 앞에 펴시니 그 안팎에 글이 있는데 그 위에 애가와 애곡과 재앙의 말이 기록되었더라

시편 38편 | 주의 은혜만 바라봄

38:1 여호와여 주의 노하심으로 나를 책망하지 마시고 주의 분노하심으로 나를 징계하지 마소서

38:3 주의 진노로 말미암아 내 살에 성한 곳이 없사오며 나의 죄로 말미암아 내 뼈에 평안함이 없나이다

38:9 주여 나의 모든 소원이 주 앞에 있사오며 나의 탄식이 주 앞에 감추이지 아니하나이다

38:14 나는 듣지 못하는 자 같아서 내 입에는 반박할 말이 없나이다

38:15 여호와여 내가 주를 바랐사오니 내 주 하나님이 내게 응답하시리이다

38:21 여호와여 나를 버리지 마소서 나의 하나님이여 나를 멀리하지 마소서

38:22 속히 나를 도우소서 주 나의 구원이시여

말씀연결 중심내용

삼상 23 다윗은 그일라를 도와 블레셋과 싸우는 일이 얼마나 자신들을 위험하게 하는 일인지 누구보다 잘 알고 있었습니다. 그러나 하나님의 명령에 순종하는 것이 더 중요하다는 것을 다윗은 알고 있었습니다. 이처럼 다윗은 오직 **주의 명령만 바라봤습니다.**

고전 4 바울은 고린도의 성도들과 달리, 자신과 동역자들이 그리스도 때문에 겪고 있는 고생과 수고와 아픔과 비방과 고난을 나열했습니다. 이것은 바울과 그 동역자들이 오직 그리스도, 곧 **복음만을 바라보고** 붙잡고 있다는 것을 보여주는 것이었습니다.

겔 2 하나님은 에스겔에게 오직 **하나님의 말씀만** 붙들고 전할 것을 강조하셨습니다. 곧 그 백성들이 하나님의 말씀을 듣지 않고 거부할지라도 두려워하지 말고 오직 하나님만 **바라보고** 전하라는 것입니다.

시 38 다윗은 질병 중에 있었고 그 원인이 자신의 죄에 있음을 밝혔습니다. 다윗은 유일하게 한 가지를 구하였는데, 그것은 **하나님의 은혜**였습니다. 다윗이 주를 바랐다는 것은 용서의 은혜를 **바라며** 구했다는 것입니다.

말씀암송

시 38:15 □□□여 □가 □를 바랐사오니 내 주 □□□이 내게 □□하시리이다

말씀묵상

우리는 주님만 바라봐야 합니다. 우리의 연약함과 불의함은 오직 주의 은혜만으로 해결될 수 있습니다. 어떤 고난과 위험이 닥쳐와도 주님이 명령하시면 순종하며 따를 수 있어야 합니다. 바울처럼 복음만을 바라보며 자신들이 겪는 그 모든 고난과 수고를 이겨내야 합니다.

말씀적용 오늘의 감사

말씀적용

오늘의 감사

믿음으로 감사

소망으로 감사

사랑으로 감사

말씀기도

❶ 주의 용서의 은혜보다 더 소중한 것이 없음을 깨닫게 하시고, 날마다 그 은혜를 누리게 하소서.
❷ 내 유익과 안위보다 주님의 명령에 무게를 두고 따라가게 하소서.
❸ 고난과 아픔과 수고와 비방이 따른다 할지라도 복음을 붙잡고 전하는 일을 중단하지 않게 하소서.

말씀배경 지식

주 여호와 (겔 2:4)

맛소라 본문은 '아도나이 야훼'로 되어 있다. 고대 히브리인들은 넉 자로 된 거룩한 말인 '야훼' 대신에 '아도나이'. '주'(Lord)라고 읽었다. '아도나이'와 '야훼'가 합쳐서 날 때에는, 고대히브리인들은 '야훼'를 '엘로힘', '하나님'으로 읽었다. 영어에서 '야훼'는 대문자로 '주'(LORD), 혹은 '하나님'(GOD)으로 표현되고 있다.

243 일차 365

8월 31일

주를 소망

사무엘상 24장 | 고린도전서 5장 | 에스겔 3장 | 시편 39편

사무엘상 24장 | 주를 소망하며 주의 뜻을 따라 살아야 함

24:3 길 가 양의 우리에 이른즉 굴이 있는지라 사울이 뒤를 보러 들어가니라 다윗과 그의 사람들이 그 굴 깊은 곳에 있더니

24:4 다윗의 사람들이 이르되 보소서 여호와께서 당신에게 이르시기를 내가 원수를 네 손에 넘기리니 네 생각에 좋은 대로 그에게 행하라 하시더니 이것이 그 날이니이다 하니 다윗이 일어나서 사울의 겉옷 자락을 가만히 베니라

24:6 자기 사람들에게 이르되 내가 손을 들어 여호와의 기름 부음을 받은 내 주를 치는 것은 여호와께서 금하시는 것이니 그는 여호와의 기름 부음을 받은 자가 됨이니라 하고

24:7 다윗이 이 말로 자기 사람들을 금하여 사울을 해하지 못하게 하니라 사울이 일어나 굴에서 나가 자기 길을 가니라

24:12 여호와께서는 나와 왕 사이를 판단하사 여호와께서 나를 위하여 왕에게 보복하시려니와 내 손으로는 왕을 해하지 않겠나이다

24:15 그런즉 여호와께서 재판장이 되어 나와 왕 사이에 심판하사 나의 사정을 살펴 억울함을 풀어 주시고 나를 왕의 손에서 건지시기를 원하나이다 하니라

24:20 보라 나는 네가 반드시 왕이 될 것을 알고 이스라엘 나라가 네 손에 견고히 설 것을 아노니

고린도전서 5장 | 주를 소망하며 거룩하게 살아야 함

5:4 주 예수의 이름으로 너희가 내 영과 함께 모여서 우리 주 예수의 능력으로

5:5 이런 자를 사탄에게 내주었으니 이는 육신은 멸하고 영은 주 예수의 날에 구원을 받게 하려 함이라

5:7 너희는 누룩 없는 자인데 새 덩어리가 되기 위하여 묵은 누룩을 내버리라 우리의 유월절 양 곧 그리스도께서 희생되셨느니라

5:8 이러므로 우리가 명절을 지키되 묵은 누룩으로도 말고 악하고 악의에 찬 누룩으로도 말고 누룩이 없이 오직 순전함과 진실함의 떡으로 하자

5:11 이제 내가 너희에게 쓴 것은 만일 어떤 형제라 일컫는 자가 음행하거나 탐욕을 부리거나 우상 숭배를 하거나 모욕하거나 술 취하거나 속여 빼앗거든 사귀지도 말고 그런 자와는 함께 먹지도 말라 함이라

오늘의 찬양 | 찬송가 491장 (저 높은 곳을 향하여)

저 높은 곳을 향하여 날마다 나아갑니다 내 뜻과 정성 모아서 날마다 기도합니다
내 주여 내 발 붙드사 그곳에 있게 하소서 그곳은 빛과 사랑이 언제나 넘치옵니다

에스겔 3장 | 주를 소망하며 사명으로 살아야 함

3:1 또 그가 내게 이르시되 인자야 너는 발견한 것을 먹으라 너는 이 두루마리를 먹고 가서 이스라엘 족속에게 말하라 하시기로

3:4 그가 또 내게 이르시되 인자야 이스라엘 족속에게 가서 내 말로 그들에게 고하라

3:7 그러나 이스라엘 족속은 이마가 굳고 마음이 굳어 네 말을 듣고자 아니하리니 이는 내 말을 듣고자 아니함이니라

3:9 네 이마를 화석보다 굳은 금강석 같이 하였으니 그들이 비록 반역하는 족속이라도 두려워하지 말며 그들의 얼굴을 무서워하지 말라 하시니라

3:10 또 내게 이르시되 인자야 내가 네게 이를 모든 말을 너는 마음으로 받으며 귀로 듣고

3:11 사로잡힌 네 민족에게로 가서 그들이 듣든지 아니 듣든지 그들에게 고하여 이르기를 주 여호와의 말씀이 이러하시다 하라

시편 39편 | 주께 있는 소망

39:3 내 마음이 내 속에서 뜨거워서 작은 소리로 읊조릴 때에 불이 붙으니 나의 혀로 말하기를

39:4 여호와여 나의 종말과 연한이 언제까지인지 알게 하사 내가 나의 연약함을 알게 하소서

39:5 주께서 나의 날을 한 뼘 길이만큼 되게 하시매 나의 일생이 주 앞에는 없는 것 같사오니 사람은 그가 든든히 서 있는 때에도 진실로 모두가 허사뿐이니이다 (셀라)

39:7 주여 이제 내가 무엇을 바라리요 나의 소망은 주께 있나이다

39:12 여호와여 나의 기도를 들으시며 나의 부르짖음에 귀를 기울이소서 내가 눈물 흘릴 때에 잠잠하지 마옵소서 나는 주와 함께 있는 나그네이며 나의 모든 조상들처럼 떠도나이다

39:13 주는 나를 용서하사 내가 떠나 없어지기 전에 나의 건강을 회복시키소서

말씀연결 중심내용

삼상 24 다윗은 하나님께서 기름 부어 세운 왕을 사람이 죽이는 것은 하나님께서 금하시는 것임을 생각하고 사울 왕을 죽이기를 거절했습니다. **하나님께 소망**을 두었던 다윗은 자신의 뜻과 유익이 아니라, 손해와 어려움을 겪더라도 철저히 하나님의 뜻을 따랐습니다.

고전 5 우리는 주 예수 그리스도의 희생을 통해 구원받은 자녀들로서 **하나님**을 **소망**하며 순전함과 진실함으로 살아야 합니다. 따라서 바울은 형제 안에 음행과 우상숭배 등 죄악된 일을 하는 사람들과는 사귀지도 말고 함께 먹지도 말라고 가르치고 있습니다.

겔 3 하나님은 에스겔을 파수꾼으로 세우시며, 그들이 듣든지 아니 듣든지 주의 말씀을 전하라고 말씀하셨습니다. 에스겔이 사명을 감당하는 상황이 녹녹치 않지만 **주님을 소망**하며 흔들림 없이 **사명을 감당**해야 함을 강조하신 것입니다.

시 39 죄악과 그로 인한 질병 속에서 다윗이 하나님 앞에 드린 기도입니다. 다윗은 오직 주님만이 유일한 **소망**이 됨을 고백했습니다. 그리고 **소망 되신 주님**이 용서하시고 건강을 회복시켜주시기를 구했습니다.

말씀암송

시 39:7 □여 이제 내가 무엇을 □□□□ 나의 □□은 □께 □□□□

시 39:13 □는 나를 □□하사 내가 떠나 □□□□ 전에 나의 □□을 □□시키소서

말씀묵상

우리는 주님이 원하며 기뻐하는 삶을 따라 살아야 합니다. 주님을 소망으로 두며 사는 것은 주님의 뜻을 따르며 사는 것입니다. 내가 원하며 기뻐하는 삶을 따라 사는 것이 아니라 주님이 원하며 기뻐하는 삶을 따라 살아야 합니다. 하나님이 미워하시는 죄를 멀리하고 순전하고 진실하게 살아가야 합니다. 우리의 소망은 오직 주님께 있습니다. 오직 주님만을 소망하며 따라가야 합니다.

말씀적용 오늘의 감사

말씀적용

오늘의 감사

믿음으로 감사

소망으로 감사

사랑으로 감사

말씀기도

❶ 오직 주님만을 소망으로 두고 주의 은혜를 구하며 살게 하소서.
❷ 주께 소망을 두기에 내 욕심이 아니라 주의 기뻐하시는 뜻을 따라 살게 하소서.
❸ 주께 소망을 두고 더욱 거룩함에 힘쓰며, 맡겨진 사명에 끝까지 충성하게 하소서.

말씀배경 지식

이러므로
(고전 5:8)

바울의 권면은 결론(이러므로)이 여기에 있다. 그것은, 이러한 패륜 문제에 빠진 사람과 교회의 악독함이 아니라, 정결함과 방정(方正)함이 믿는 자의 특징을 이루어야만 한다. 이러한 경건한 미덕이 그리스도인의 절기의 음식이 되어야만 한다.

맥체인 성경읽기는 콩나물 물 주기입니다.

● 나의 맥체인 성경읽기를 공개합니다.

① 먼저 기도하고 찬양으로 마음을 준비합니다.

② 성경읽기표에 따른 네 본문에 제시된 주제를 통해 중심 단어를 생각합니다.

③ 네 성경 본문을 순서대로 천천히 읽습니다. (주요 요절이나 단어에 밑줄이나 표기를 합니다.)

④ 우선 두 성경 본문에서 주제와 일치하는 내용이나 반복되는 단어나 유사한 문맥을 찾아 서로 연결해 봅니다.

⑤ 본문에서 반대되는 내용이나 같은 뜻을 가진 단어나 문장 문맥을 찾아봅니다.

⑥ 이렇게 연결되는 본문을 나머지 다른 두 권으로 확대하여, 네 권 전체에 흐르는 하나님의 뜻을 발견하고, 그 내용을 적어봅니다. (나에게 주시는 말씀)

⑦ 네 성경 본문을 한 주제로 연결하도록(Word Link) 깊은 묵상을 합니다.

⑧ 나아가 본문에서 지도자나 인도자로부터 배운 신학 주제나 교리들이 함축하고 있는 문맥이나 내용의 짝을 찾아봅니다.

⑨ 삶에 적용할 항목들을 적어보고 실천함으로써 놀라운 변화를 경험해 봅니다. 매일 묵상할 때마다 다른 감동을 경험할 수 있습니다.

⑩ 마지막으로 하나님이 오늘 나에게 주신 말씀을 통하여 가르침, 명령과 약속과 권면, 경고 및 행해야 할 일들을 적어보고, 하나님과 대화하는 마음으로 묵상하고, 말씀기도로 성경읽기를 마무리합니다.

※ 독자들의(맥체인큐티, MQ) 다양한 이야기를 기다립니다. 공동체의 성경읽기가 습관화 되어지도록 말씀묵상, 말씀적용, 감사기도의 은혜를 독자들과 나눌 수 있도록 사연을 기다립니다. 지면을 통하여 함께 은혜 나누기를 소망합니다. 채택되신 분들에게는 감사의 마음을 담아 선교횃불 도서를 선물로 보내드립니다. (이메일 : ccm2you@gmail.com)

독자의 사례

말씀으로 묵상 토기장이이신 주님의 절대주권을 인정하며 하나님의 백성삼아 주셔서 감사드립니다. 절대주권이신 하나님을 나의 가족과 이웃들에게 전하여 그들도 다 하나님의 백성으로 살아가길 기도합니다.

믿음으로 감사 코로나로 인하여 소규모모임, 종교모임등을 자제하라고 하는 가운데서도 현장예배로 은혜의 말씀을 듣게 하시니 감사합니다.

소망으로 감사 우리 가족들은 예배를 못 드리고 있지만, 앞으로 드려질 예배를 기대하기에 그래도 감사합니다.

사랑으로 감사 하나님의 백성 삼아 주신 은혜 무조건 감사합니다.

- 박현자 권사

믿음으로 감사 맥체인큐티책과 가벼운 옷 한벌을 베낭에 넣고 하나님의 나라로 여행계획을 짜 놓으니 설레임에 행복해서 주님께 감사합니다.

소망으로 감사 요즘 코로나로 경기도 어렵지만 경비 걱정없이 한푼도 들이지 않고 내 아버지의 나라 내가 앞으로 영원히 쉴 곳을 365일 동안 내 가이드 맥체인큐티책만 의지하고 여행가니 이 책이 고마워 감사하게 됩니다.

사랑으로 감사 이 땅의 무거운 짐 근심 걱정 움켜쥐고있던 모든것 내려놓고 성령님과 함께 하나님의 나라 여행 잘 다녀 오겠습니다.

그곳은? 천국은 마치 밭에 감추인 보화와 같으니 사람이 이를 발견한 후 숨겨 두고 기뻐하며 돌아가서 자기의 소유를 다 팔아 그 밭을 사느니라(마13:44)

주님! 천국의 비밀을 알게 하시니 무조건 감사 합니다.

- 한명희 집사

*

원고를 보내주신 두 분께 진심으로 감사드립니다.

독자들의 원고를 설레는 마음으로 기다리고 있습니다.

MQ

맥체인큐티(12-08)

2020년 8월 1일 초판 1쇄 발행

편집위원 유동효 임건혁 정현기

발 행 처 선교횃불

디 자 인 디자인이츠

등 록 일 1999년 9월 21일 제54호

등록주소 서울시 송파구 백제고분로 27길 12(삼전동)

전 화 (02) 2203-2739

팩 스 (02) 2203-2738

이 메 일 ccm2you@gmail.com

홈페이지 www.ccm2u.com